## Münster auf einen Blick

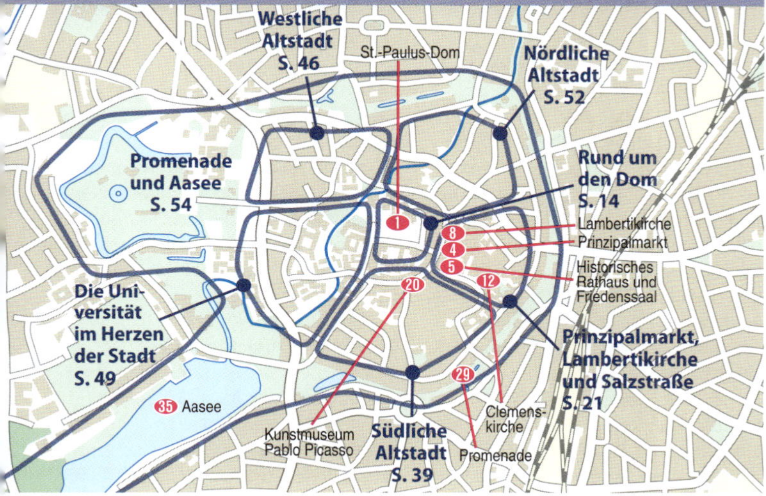


# Inhalt

### Cleveres Nummernsystem

Die Sehenswürdigkeiten sind im Text und im Kartenmaterial mit derselben **magentafarbenen ovalen Nummer** ❶ markiert. Alle anderen Lokalitäten wie Geschäfte, Restaurants usw. tragen ein **Symbol und eine fortlaufende rote Nummer** (**1**). Die Liste aller Orte und die Zeichenerklärung befinden sich im Anhang.

### Der Schmetterling ...

... zeigt an, wo man Angebote im Bereich des nachhaltigen Tourismus findet.

### Bewertung der Sehenswürdigkeiten

★★★ nicht verpassen
★★ besonders sehenswert
★ wichtig für speziell interessierte Besucher

### Planquadrat im Kartenmaterial

[A1] Orte ohne diese Angabe liegen außerhalb unserer Karten. Ihre Lage kann aber wie die aller Ortsmarken mithilfe der begleitenden Web-App angezeigt werden (s. Anhang).

**Vorwahlen**
- für Deutschland: 0049
- für Münster: 0251

**Updates zum Buch**
www.reise-know-how.de/citytrip/muenster24



MEIN TIPP
**Vor der Reise erledigen**
Da die **Hotelkapazitäten** in Münster knapp sind, ist es ratsam, frühzeitig eine Unterkunft zu buchen – das gilt insbesondere zur Weihnachtszeit.

# „Meidet Münster!" war einmal

Es gab einmal eine Zeit, da galt Münster als das Eldorado der Spießbürger. Hier herrschte Tradition und westfälische Gemütlichkeit. Die Stadt bezeichnete sich offiziell als „Provinzialhauptstadt Westfalens" – und war auch noch stolz darauf. Unter jungen Menschen hatte sich herumgesprochen, dass man Münster lieber meiden solle: „Cavete Münster!" schrieb Wilfried Weustenfeld 1958 im Semesterspiegel und trug so wesentlich zur Gründung der ersten Studentenkneipe der Stadt bei (s. S. 88). In den folgenden Jahren erlebte Münster einen tiefgreifenden Wandel. Aus der etwas muffigen Provinzialhauptstadt ist eine junge, moderne Großstadt geworden, die vor allem als Studenten- und als Fahrradstadt bekannt ist.

Die Kombination aus Tradition und Moderne macht Münster zu einer der lebenswertesten Städte Deutschlands. Das mit historischen Kunst- und Architekturschätzen nicht geizende Portfolio der Stadt z. B. wird immer wieder mit moderner Kunst im öffentlichen Raum erweitert (s. S. 77). Auch die deftige Küche Westfalens bekommt mehr Konkurrenz: Das Restaurant Beetschwester bietet vegane und vegetarische Kost mit einem Hauch Asien (s. S. 83). Und den alten Speicherhäusern im Stadthafen hauchen Kunst und Kultur neues Leben ein (s. S. 87).

Das Selbstverständnis der Münsteraner, dass es eigentlich keinen besseren Ort zum Leben gebe, überträgt sich schnell auf die Besucher. Nur wer etwas länger in der Stadt bleibt, den beschleicht vielleicht ein sonderbares Gefühl. Wird es mit der weltoffenen, jungen, lebenswerten Stadt immer so weitergehen? Es sieht ganz danach aus: Nachdem 2019 der Titel der Fahrradhauptstadt Deutschlands an Karlsruhe abgetreten werden musste, legten sich die Münsteraner wieder ins Zeug – mit Erfolg: 2023 erreichte Münster erneut den 1. Platz.

## Der Autor

**Christopher Görlich**, geboren 1977 in Münster, verbrachte seine Kindheit und Jugend hier. Das Studium führte ihn nach Berlin, wo er an der Humboldt-Universität im Fach Geschichte promovierte. Zurück in seiner Heimatstadt befasste er sich intensiv mit der Stadtgeschichte und begeisterte als Reiseveranstalter und Stadtführer viele Touristen für die Stadt und ihre Vergangenheit. 2021 hat Christopher Görlich eine kleine Buchhandlung im Münsterischen Stadtteil Kinderhaus übernommen – nicht zuletzt, weil er sicher ist, dass diese Stadt nur dann lebenswert bleibt, wenn jeder ein klein wenig dazu beiträgt.

091ms-cg

# NICHT VERPASSEN!

### 1 St.-Paulus-Dom [D3]
Das beeindruckende Gebäude des Doms zu Münster blickt auf mehr als 750 Jahre Geschichte zurück: ein Glanzstück frühgotischer Baukunst (s. S. 15).

### 4 Prinzipalmarkt [E4]
Mit 48 Giebelhäusern ist der Prinzipalmarkt Münsters „Gute Stube" – und zugleich die schönste Straße der Stadt (s. S. 21).

### 5 Historisches Rathaus und Friedenssaal [E4]
Vom Stolz und Reichtum der Bürgerschaft zeugt die Fassade des Rathauses. Der Friedenssaal erinnert an den Westfälischen Frieden, der den Dreißigjährigen Krieg beendete (s. S. 23).

### 8 Lambertikirche [E3]
Drei Käfige hängen am Kirchturm der Lambertikirche. Nach der Niederschlagung des Täuferreichs wurden die Körper der hingerichteten Anführer dort als Fanal zur Schau gestellt (s. S. 27).

### 12 Clemenskirche [E4]
Die Clemenskirche ist ein Kleinod barocker Baukunst. Die reiche Rokoko-Ausstattung macht sie zu einer beliebten Hochzeitskirche (s. S. 34).

### 20 Kunstmuseum Pablo Picasso [D4]
Das Museum verfügt über eine große Sammlung von Werken Picassos. In Wechselausstellungen werden diese in unterschiedlichste Kontexte gesetzt (s. S. 45).

### 29 Promenade [E5]
Als autofreie Lindenallee führt der 4½ Kilometer lange Weg um die Altstadt. Einer der schönsten Orte Münsters (s. S. 54)!

### 35 Aasee [B6]
Rund um den See sind viele Kunstwerke der Skulpturenausstellungen zu entdecken. Im südlichen Teil befinden sich ein Freilichtmuseum, das Naturkundemuseum und der Allwetterzoo (s. S. 62).

# MÜNSTER ENTDECKEN

023ms Abb.: Presseamt Münster©Bernhard Fischer

# Willkommen in Münster

*Mit 302 km² gehört Münster zu den flächenmäßig größten Städten in Deutschland, doch die meisten Sehenswürdigkeiten, Einkaufsstraßen und Kultureinrichtungen befinden sich in der Altstadt innerhalb des Promenadenrings: Dort, wo sich einst die Stadtmauer befand, verläuft heute eine autofreie Lindenallee.*

In Münsters Altstadt kommt man gut ohne Auto aus. Zu Fuß oder mit dem Fahrrad, das man natürlich auch mieten kann, sind alle Ziele schnell erreicht. Zudem gibt es ein Buslinienetz, das bis in die Nacht hinein bedient wird, so kommt man auch nach dem Kneipenbummel sicher ins Hotel.

Die Struktur der Altstadt ist recht einfach und leicht überschaubar. Im Herzen der Stadt liegt auf einer kleinen Erhöhung der Domplatz 2 mit dem mächtigen **Dom** 1, der **Universität** (s. S. 49), dem **LWL-Museum für Kunst und Kultur** 3 und einigen Verwaltungsgebäuden. Dort, wo sich heute der Dom befindet, nahm die Geschichte der Stadt ihren Anfang, als der hl. Liudger 793 an dieser Stelle ein Kloster errichten ließ, das mit einer Befestigungsanlage vor feindlichen Angriffen geschützt wurde. Ganz in der Nähe siedelten sich im 10. und 11. Jahrhundert Kaufleute an. Noch heute erinnern **Prinzipalmarkt** 4, Roggenmarkt und Rothenburg an diese Entwicklung, denn diese Einkaufsstraßen legen sich im engen Bogen um die ehemalige Domburg.

Entlang alter Handelswege führen **Salzstraße** 9 und **Ludgeristraße** [E4/5] vom Zentrum der Stadt nach Osten bzw. Süden. Sie sind neben dem Prinzipalmarkt die wichtigsten Einkaufsstraßen der Stadt. Zwar dominieren auch hier wie andernorts die Filialgeschäfte, doch noch immer gibt es einige inhabergeführte Einzelhandelsgeschäfte, die die Innenstadt von Münster zu einem beliebten Ausflugsziel machen. Mit den Gebäuden an der **Stubengasse** 17 hat Münster 2009 ein modernes Zentrum erhalten, dessen spektakuläre Architektur nicht unumstritten ist.

Weniger kommerziell geht es hingegen im Westen der Stadt zu. Im Viertel um die **Überwasserkirche** 21 wurde ursprünglich Kuhhandel getrieben, woran der Name **Kuhviertel** (s. S. 87) erinnert. In den folgenden Jahrhunderten ließen sich hier kleine Gewerbetreibende und Handwerker nieder, heute ist das Viertel von einem vergleichsweise hohen Anteil individueller Geschäfte geprägt. Besonders hervorzuheben sind die hier ansässigen Galerien. Bekannt und beliebt ist das Kuhviertel auch für ein Nachtleben, das vor allem – aber nicht nur – die Studenten genießen.

Zwischen Domplatz und Kuhviertel sind wichtige Gebäude der Universität zu finden. Am Domplatz steht das **Fürstenberghaus** 23 mit der Philosophischen Fakultät, in den Niederungen der Aa sind neben den Theologen und Juristen auch die Wirtschaftswissenschaftler ansässig. Hier zwischen den Universitätsgebäuden an der Aa ist schließlich ein guter Ausgangspunkt, um auch das grüne Münster zu entdecken. Der kleine Fluss, dessen Name nichts anderes als Wasser bedeutet, schlängelt sich durch die ganze Stadt. An seinem Ufer wurde der beschaulich ruhige **Aaseitenweg** (s. S. 96) angelegt – schnell ist das Treiben der Stadt hier vergessen.

006ms Abb.: cg

# Münster an einem Tag

## Morgens – Rundgang durch die Altstadt

In Münster liegen Geschichte und moderne Kultur, geschäftiges Treiben, Vergnügen und idyllische Plätze dicht beieinander. Der auf S. 11 beschriebene **Stadtrundgang** führt zu den wichtigsten Sehenswürdigkeiten und den schönsten Orten der Stadt.

⌃ *Sehen und gesehen werden: Straßencafé auf dem Prinzipalmarkt* (4)

« *Seite 6: Auf dem Picassoplatz [D4] ist das Konterfei des berühmten Künstlers abgebildet*

## Nachmittags – Kunstgenuss

Zwischen Domplatz und Aegidiimarkt befindet sich das **LWL-Museum für Kunst und Kultur** (3), das zentrale Kunstmuseum in Westfalen, mit einer großen Sammlung sehenswerter Kunstwerke vom frühen Mittelalter bis zur Gegenwart. Eine Pause in den Cafés am Domplatz rundet den Nachmittag ab.

## Abends – Kuhviertel

Das **Kuhviertel** (s. S. 87) in Münster gehört für Studenten, aber auch für die älteren Semester schon seit Jahrzehnten zu den beliebtesten Ausgehorten. Vor allem die recht zentrale Lage in der Altstadt macht das Viertel mit seinen urigen Kneipen zum idealen Ort, um den Tag in Münster ausklingen zu lassen.

# Kurztrip nach Münster

## 1. Tag: Stadterkundungen

Auch wer mehr Zeit als nur einen Tag in Münster verbringt, gewinnt zunächst mit dem Stadtrundgang, der ab S. 11 beschrieben wird, einen Überblick über die Stadt.

Geschichtsinteressierte tauchen am Nachmittag im **Stadtmuseum** (s. S. 76) in die Münsteraner Geschichte ein, Fans moderner Kunst wird der Weg indes zum **Picasso-Museum** 20 führen. Am Abend bieten das **Stadttheater** 27 und mehrere kleinere Bühnen (s. S. 89) ein vielfältiges Programm.

## 2. Tag: Kunst und Natur

Mit 90 ha ist der **Aaseepark** 35 das größte Naherholungsgebiet in der Stadt. Doch nicht nur (Wasser-)Sportler, Spaziergänger und Radfahrer, sondern auch Kunstliebhaber kommen hier auf ihre Kosten. An kaum einem anderen Ort der Stadt haben die alle zehn Jahre stattfindenden Skulpturenausstellungen so dichte Spuren hinterlassen. Das Ufer des Aasees ist zur **Skulpturenmeile** geworden.

Am südlichen Teil des Aasees warten zwei Museen ganz unterschiedlicher Art auf den Besucher. Das **Freilichtmuseum Mühlenhof** (s. S. 75) bietet einen interessanten Einblick in das westfälische Leben früherer Jahrhunderte, das **LWL-Museum für Naturkunde** (s. S. 75) informiert über Fauna und Flora. Sehenswert ist auch das ins Museum integrierte Planetarium und schließlich befindet sich in unmittelbarer Nähe des Naturkundemuseums auch der **Allwetterzoo** 36 – wie der Name verrät, kann der Zoo bei jedem Wetter besucht werden, weil überdachte Gänge die Besucher vor Regen schützen.

Den Abend verbringt man im **Hot Jazz Club** (s. S. 89) oder in einer der anderen Lokalitäten am **Hafen** (s. S. 87).

## 3. Tag: Ausflüge ins Umland

Am dritten Tag lohnt ein Ausflug ins Umland. Im **Rüschhaus** 38 bei Nienberge und an der **Burg Hülshoff** 37 bei Havixbeck wandelt man auf den Spuren der Dichterin Annette von Droste-Hülshoff. Von hier sind die **Baumberge** nicht weit, die zu ausgedehnten Wanderungen einladen.

003ms Abb.: cg

*Am Brunnen an der Neubrückenstraße/Ecke Bogenstraße [E3] lädt eine Eisdiele zum Verweilen ein*

## Das gibt es nur in Münster

- **Eiserne Käfige am Turm der Lambertikirche** 8. Hoch am Turm der Lambertikirche hängen drei eiserne Käfige. In ihnen wurden 1536 die Leichen der Anführer der Täuferbewegung aufgehängt.
- **Bogengänge des Prinzipalmarkts** 4. Schon Fabio Chigi, der spätere Papst Alexander VII., soll die Bogengänge bewundert haben, als er während der Verhandlungen zum Westfälischen Frieden in Münster weilte.
- **Friedenssaal** 5. Noch bevor die Verhandlungen zum Westfälischen Frieden abgeschlossen waren, wurde im Historischen Rathaus am 15. Mai 1648 der Frieden zwischen Spanien und den Niederlanden geschlossen. Er war die Geburtsstunde der modernen Niederlande.
- **Skulpturenausstellung.** Seit 1977 findet in Münster alle zehn Jahre eine Skulpturenausstellung statt, an der sich zahlreiche Künstler von internationalem Rang beteiligen. Für 100 Tage wird der öffentliche Raum zur Ausstellungsfläche – doch auch nach dem Ende der Ausstellung bleiben viele Skulpturen stehen und prägen das Stadtbild (s. S. 77).
- **Pumpernickel.** Dunkles, fast schwarzes Brot aus Roggenschrot, das zu den westfälischen Spezialitäten zählt.
- **Lambertussingen – O Buer, wat kost' dien Hai ...** Im September ziehen Kinder mit selbstgebastelten Laternen zum Lambertussingen.

# Stadtspaziergang

Der Stadtspaziergang, der zu den wichtigsten Sehenswürdigkeiten und den schönsten Orten Münsters führt, beginnt am **Domplatz** 2, wo die Geschichte der Stadt vor über 1200 Jahren ihren Anfang nahm. Gerade noch hat man den mächtigen **Dom** 1 vor Augen, so grüßt schon von Weitem die prachtvolle Fassade des **Historischen Rathauses** 5 am **Prinzipalmarkt** 4. Nach einem Besuch des **Friedenssaals** führt der Spaziergang über den Prinzipalmarkt mit den berühmten Bogengängen zur **Lambertikirche** 8. Am neugotischen Turm dieser Stadt- und Marktkirche hängen noch heute drei Käfige, in denen 1536 die Leichen der Anführer der Täuferbewegung aufgehängt wurden.

Freunde moderner Architektur gehen nun hinter der Lambertikirche den Alten Steinweg entlang und stehen nach wenigen Metern vor der **Stadtbücherei** 14 aus dem Jahre 1993 und dem **Kiffe-Pavillon** 13 aus dem 1950er-Jahren. Beide Gebäude sind Musterbeispiele der Münsteraner Nachkriegsarchitektur, die internationale Aufmerksamkeit erregt haben.

Wem der Sinn indes nach dem geschäftigen Treiben der Einkaufsstraße steht, schlendert die **Salzstraße** 9 entlang. An der **Dominikanerkirche** 10 treffen beide Wege wieder zusammen. Hier ist seit 2018 die Installation „Zwei Graue Doppelspiegel für ein Pendel“ zu sehen, die Gerhard Richter eigens für diese Kirche entworfen hat. Den prunkvollen **Erbdrostenhof** 11 erreicht man von der Dominikanerkirche aus, wenn man der Salzstraße ein kurzes Stück weiter folgt. Von dort sind es über die Ringoldstraße nur wenige Meter bis

080ms Abb.: cg

zur **Clemenskirche** ⓬, die fast etwas versteckt hinter dem Erbdrostenhof steht. Die prachtvolle Ausstattung der Kirche ist in Münster einmalig. Der barocke Garten hinter der Clemenskirche lädt zum Verweilen ein und nur wenige Meter weiter bietet das **Euthymia-Zentrum** (s. S. 72) mit einer sehenswerten Ausstellung einen Blick auf das Leben der 2001 selig gesprochenen Krankenschwester Maria Euthymia.

Von der Clemenskirche ist er bereits unübersehbar: Der städtebauliche Paukenschlag an der **Stubengasse** ⓱. Das postmoderne Architekturensemble aus dem Jahr 2009 setzt einen gelungenen Kontrapunkt zum behutsamen Wiederaufbau der Stadt Münster nach dem Zweiten Weltkrieg.

*Alte und neue Architektur treffen an der Königsstraße ⓳ aufeinander*

Weiter führt der Spaziergang über die Klarissengasse zur **Ludgeristraße**, an deren Ende sich die **Ludgerikirche** ⓲ erhebt, einer der ältesten Sakralbauten in Westfalen. Sie ist dem hl. Liudger, dem Gründungsvater der Stadt Münster, geweiht. Besonders sehenswert ist das Holzkreuz, das während eines Bombenangriffs im Zweiten Weltkrieg beide Arme verlor und auf diese Weise zum eindrücklichen Mahnmal für den Frieden wurde.

Zurück Richtung Domplatz führt der Spaziergang über die **Königsstraße** ⓳. Früher, als die Adligen des Münsterlandes im Winter ihre Landsitze verließen, um in der dunklen Jahreszeit in Münster Hof zu halten, war dies ihre Adresse. Von den zehn Adelshöfen, die sich einst an der Königsstraße befanden, sind indes nur noch wenige erhalten. Eine Reihe interessanter Cafés und Restaurants laden hier aber etwas abseits des städtischen Trubels zu einer kleinen Pause ein.

Am Adolph-Kolping-Platz lohnt ein Abstecher zur versteckt gelegenen **Aegidiikirche** (s. S. 44). Zurück an der Königsstraße führt der Spaziergang weiter zum **Kunstmuseum Pablo Picasso** ⓴ und dem Picasso-Platz, in dessen Pflaster das Konterfei des Künstlers zu sehen ist.

Am Ende der Königsstraße führt der Spaziergang nach links die Straße Rothenburg hinauf. Bald ist zur Linken der **Aegidiimarkt** erreicht, rechts erhebt sich das **LWL-Museum**

### Routenverlauf im Stadtplan

Der hier beschriebene Spaziergang ist mit einer farbigen Linie im Stadtplan eingezeichnet.

**für Kunst und Kultur** 3 mit seinem modernen Anbau. Entlang dem Museumsneubau führt die Pferdegasse zum Domplatz zurück. Bevor er jedoch erreicht ist, führt der Spaziergang am **Fürstenberghaus** 23 durch den Jesuitengang zu den Niederungen der Aa, wo heute vor allem der quirlige Universitätsbetrieb herrscht. Ein kleiner Abstecher nach Süden führt zu zwei interessanten **Kunstwerken,** die versteckt in den Höfen der ehemaligen Adelspalais zu finden sind: **Study Garden** von Siah Armajani (s. S. 79) und **Fassbinder** von Richard Serra (s. S. 78). Östlich des Flusses erhebt sich die **Theologische Fakultät,** auf der anderen Seite befinden sich **Juridicum** 25 und **Universitätsbibliothek** 26.

An den Ufern der Aa verläuft ein idyllischer Gehweg mit dem recht prosaischen Namen Aaseitenweg. Wendet man sich auf diesem Weg nach Norden, so gelangt man zur **Überwasserkirche** 21 – die kleine Fußgängerbrücke, die man auf dem Weg unterquert, verbindet das bischöfliche Palais, dessen Rückseite man passiert, mit dem fast paradiesisch anmutenden, aber leider nicht öffentlich zugänglichen Bischofsgarten. An der Überwasserkirche gilt der Blick dem markanten Turm aus dem 14. Jahrhundert wie auch der benachbarten **Diözesanbibliothek**, die Anfang der 2000er-Jahre nach Plänen von Max Dudler errichtet wurde. Gegenüber liegt das **Antiquariat Solder** (s. S. 113), das mehrmals im Jahr zum Antiquariat Wilsberg wird, wenn das ZDF hier die neuen Folgen des beliebten Wilsberg-Krimis dreht.

Vom Überwasserkirchplatz lohnt sich ein Abstecher zum **Schloss** 30, das man schnell über die Frauenstraße erreicht. Über die Überwasserstraße gelangt man zurück ins **Kuhviertel** (s. S. 87). Der Spaziergang durch die Stadt führt schließlich über den Roggenmarkt am **Kiepenkerl-Denkmal** (s. S. 52) vorbei. Durch die kleine Gasse, die den Namen Horsteberg trägt, erreicht man wieder den Domplatz.

*Hinter dem Schloss* 30 *an der Promenade liegt der schöne Schlossgarten mit dem Botanischen Garten*

082ms Abb.: cg

# Rund um den Dom

*Mittwochs und samstags wird der Domplatz zu einem der schönsten Plätze der Stadt: Dann findet der große Wochenmarkt statt und lockt viele Besucher an. Zu anderen Zeiten wirkt der Platz trotz der großen, alten Bäume etwas karg. Mit dem eigenartigen Architekturmix aus historischen Bauten, funktionalen Gebäuden aus der Mitte des 20. Jahrhunderts und postmoderner Architektur der Gegenwart gibt der Domplatz seine Reize erst auf den zweiten Blick preis.*

Vor über 1200 Jahren begann am heutigen **Domplatz** die Geschichte der Stadt Münster. Auf einer Erhebung nahe der kleinen Siedlung Mimigernaford errichtete der Missionar **Liudger** im Jahr 793 ein befestigtes Kloster mit Kirche, Wohn- und Wirtschaftsgebäuden und einer Schule. Das Kloster wurde zur Zentrale, von der aus Liudger und seine Kleriker im Auftrag Karls des Großen das Wort Gottes in ganz Westfalen verbreiteten. Bald entstand das Bistum Mimigernaford, 805 wurde Liudger zum ersten Bischof geweiht. Aus den bescheidenen Anfängen ging die Stadt hervor. Die lateinische Bezeichnung für das Kloster – „monasterium" – wandelte sich im Laufe der Jahrhunderte zum Namen der Stadt: Münster. Lange Zeit prägten die Bischöfe vom Domplatz aus die Stadtgeschichte. Auch wenn diese längst die weltliche Macht verloren haben, ist die Kathedrale bis heute geografischer Mittelpunkt der Stadt.

⌃ *Der Dom zu Münster ist bis heute Mittelpunkt der Stadt*

## 1 St.-Paulus-Dom ★★★ [D3]

*109 Meter lang, die Türme 55 und 57 Meter hoch – der St.-Paulus-Dom zu Münster beherrscht den Domplatz. Das gewaltige Kirchengebäude, das im 13. Jahrhundert erbaut wurde, ist die Bischofskirche und das geistliche Zentrum des Bistums Münster, das sich vom Niederrhein bis zur Nordsee erstreckt.*

Der bis heute bestehende Sandstein-Dom ist der dritte Kirchenbau an dieser Stelle. Er wurde in den Jahren 1225 bis 1264 in der Rekordzeit von nur 39 Jahren errichtet. In seiner Architektur vollzieht sich anschaulich der **Übergang von der Romanik zur Gotik.**

Der Dom blieb nach seiner Fertigstellung 1264 weitgehend unverändert. Nur die Westfassade und die südliche Fassade des östlichen Querschiffs wurden in der ersten Hälfte des 17. Jahrhunderts im gotischen Stil verändert. In der zweiten Hälfte des 17. Jahrhunderts entstand durch Fürstbischof Christoph Bernhard von Galen der Kapellenkranz um den Chor – die sogenannten **Galenschen Kapellen.**

Im Zweiten Weltkrieg wurde der Dom schwer beschädigt. Der Wiederaufbau geschah in enger Anlehnung an das historische Vorbild. An die Stelle des reich verzierten Westportals trat allerdings eine geschlossene, modern gestaltete Wand, die nur durch 16 kleine **Rundfenster** durchbrochen wird. Die von Ewald Mataré entworfenen farbigen Fenster symbolisieren die zwölf Apostel und die vier Evangelisten. Anfangs verspotteten die Münsteraner die neue Gestaltung der Westfassade als „Seelenbrause“ oder „Telefonwählscheibe“. Heute ist sie ein charakteristisches Wahrzeichen der Stadt Münster.

Die Besucher betreten den Dom durch das sogenannte **Paradies** mit seinem kunsthistorisch bedeutenden Figurenschmuck. Über der Doppeltür, die in den Innenraum des Doms führt, thront Christus als Weltenrichter. Unter ihm befindet sich eine 1536 von Johann Brabender geschaffene Paulus-Statue. Zu beiden Seiten des Kirchenpatrons stehen jeweils fünf Statuen aus dem 13. Jahrhundert, die weitere Apostel darstellen. Nur Bartholomäus ist eindeutig auszumachen, denn als Schutzpatron der Schuhmacher ist er der einzige Apostel in der Reihe, der Schuhe trägt. An den Seitenwänden des Paradieses befinden sich weitere kunstvolle Statuen.

Im Inneren des Doms wird das lichtdurchflutete Mittelschiff von den niedrigen Seitenschiffen flankiert. Zunächst fällt der Blick auf zwei monumentale Kunstwerke: Am südöstlichen Vierungspfeiler befindet sich das im Jahr 1625 von Melchior Kribbe geschaffene **Epitaph des Dompropsts Otto von Dorgeloh**, am nordöstlichen Vierungspfeiler erhebt sich die **Christophorus-Statue**, die 1627 von Johann von Bocholt gestaltet wurde. Zwischen diesen Kunstwerken wird der Blick auf den **Hauptaltar** mit den eingelassenen goldenen Reliquienstatuen, das **Triumphkreuz** und den **Chorraum** gelenkt.

Kaum zu glauben, dass die **Astronomische Uhr** am südlichen Beginn des Chorumgangs fast 500 Jahre alt ist. Der Mathematiker Dietrich Tzwyfel, der Schmied Nikolaus Windemaker und der Mönch Johann von Aachen schufen das technische Meisterwerk im Jahr 1540. 2018 wurde es restauriert. Noch heute wird auf dem großen Zifferblatt die Zeit exakt angezeigt – auch wenn der Betrachter zunächst verwirrt ist, zum einem, weil sich der Zeiger der Uhr linksherum dreht – also gegen den heutigen Uhrzeigersinn –, zum anderen, weil das Zifferblatt nicht 12, sondern 24 Stunden anzeigt. Als die Uhr gebaut wurde, kam es den Menschen nicht darauf an, exakt zu wissen, wie spät es ist. Sie symbolisiert in erster Linie die christliche Heilserwartung. Rechts oben dreht Chronos das Stundenglas. Daneben erinnert der Sensenmann an die Todesstunde. Links verkündet ein Tutemännchen mit Trompete die Rückkehr des Messias. Mittig über der Uhr ist Maria mit Jesus dargestellt.

Jeden Tag um zwölf Uhr mittags versammeln sich vor der Astronomischen Uhr Heerscharen von Gläubigen und Touristen. Dann erscheinen über der Uhr die Figuren der Heiligen Drei Könige, die sich zweimal vor Maria mit dem Christuskind verneigen.

Auf der Uhr kann nicht nur die Uhrzeit abgelesen werden: Sieben Zeiger verdeutlichen den Stand der Planeten und unterhalb der Uhr befindet sich schließlich ein Kalender, auf dem alle kirchlichen Feiertage von 1540 bis 2071 abzulesen sind.

Bei der Astronomischen Uhr beginnt der Chorumgang mit den drei bereits erwähnten **Galenschen Kapellen.** Nach der Belagerung und Einnahme der Stadt durch den Fürstbischof Christoph Bernhard von Galen ließ dieser die Kapellen zum Zeichen seiner Macht errichten (1661–1663). Die modernen Fenster wurden 1985 bis 1990 vom Künstler Georg Meistermann entworfen. Das Grabmal von Christoph Bernhard von Galen in der **Josephskapelle** zeigt den mächtigen Fürstbischof kniend beim Gebet.

In der **Liudger-Kapelle** befindet sich das Grab von **Clemens August Kardinal von Galen**, der 1933 bis 1946 Bischof von Münster war und mutig gegen die Willkürherrschaft und Verbrechen der Nationalsozialisten predigte (s. S. 18). Anlässlich des Papstbesuches im Jahr 1987 erhielt die Kapelle ihre heutige Gestaltung. Vor dem Eingang zur Kapelle steht eine Bronzebüste von Galens, die der Bildhauer Edwin Scharff 1950 geschaffen hat. Ein in den Boden eingelassenes Bronzeband führt zum Altarblock. Das Kreuz ist liegend in die schweren Steinblöcke des Altars eingespannt. Neben dem Altar befinden sich schließlich eine silberne Reliquienstatue und eine Armreliquie des heiligen Liudger, dem Gründervater des Bistums und der Stadt Münster.

› Domplatz, www.paulusdom.de, geöffnet: Mo–Sa 6.30–19, So, Feiertage 6.30–19.30 Uhr

## 2 Domplatz ★★ [D3]

*Bereits im 12. Jahrhundert waren die Bischöfe und Domherren aus den engen Mauern des Klosters ausgezogen, das der heilige Liudger auf dem Domhügel errichtet hatte. Die Geistlichen ließen sich komfortable, repräsentative Wohnhäuser, sogenannte Domkurien, errichten. Bald war der gesamte Domplatz von diesen prachtvollen Gebäuden umgeben. Bis heute erhalten sind die Kettelersche Doppelkurie und das Bischöfliche Palais im Nordwesten des Domplatzes gegenüber der modernen Westfront des Doms.*

Die **Kettelersche Doppelkurie** wurde 1712 bis 1716 nach Plänen vom Lambert Friedrich Corfey errichtet. Aufgrund des knappen Baugrundes wurden hier zwei Kurien unter einem Dach zusammengefasst. Deshalb

025ms Abb.: cg

gibt es zwei Freitreppen mit jeweils einem Eingang auf der rechten und linken Seite des Gebäudes, das auch im Innern achsensymmetrisch gestaltet ist. Nach der Kriegszerstörung wurde diese bemerkenswerte Anlage in den alten Formen wieder aufgebaut.

Das benachbarte **Bischöfliche Palais** wurde vermutlich ebenfalls von Lambert Friedrich Corfey geplant und im Jahr 1732 fertiggestellt. Hier residierte einst der Domdechant, ein hoher Verwaltungsbeamter des Domkapitels. Nachdem der Bischof Anfang des 19. Jahrhunderts die weltliche Macht im Bistum verloren hatte, wurde dieses Gebäude 1821 zum Bischofssitz. Im Zweiten Weltkrieg wurde es größtenteils zerstört. Nach dem Krieg ist es in veränderter, schlichter Form neu entstanden.

*Domkurien wie die Kettelersche Doppelkurie umgaben einst den ganzen Domplatz*

### Toiletten als Kunst

Ein überaus praktisches Kunstwerk befindet sich *unter* dem Domplatz. Einige Stufen führen hinab zu den öffentlichen Toiletten – links für Männer, rechts für Frauen. Im Rahmen der **Skulpturenausstellung 2007** ließ der Konzeptkünstler Hans-Peter Feldmann die Toiletten renovieren und modern gestalten. Und auch wenn der Sinn des Besuchers an diesem Ort nicht danach steht, Kunst zu betrachten, so wird er doch von der freundlichen Gestaltung und der Sauberkeit überrascht sein.

Das barocke Ensemble aus Kettelerscher Doppelkurie und Bischöflichem Palais verschafft dem Betrachter einen Eindruck, wie der Domplatz einmal ausgesehen hat. Schon Max Geisberg bedauerte aber Anfang der 1930er-Jahre, dass der Domplatz als „schöner Mittelpunkt“ der Stadt im 19. Jahrhundert seiner „ursprünglichen, weihevollen Stille“ entkleidet

# „Der Löwe von Münster“ – Kardinal Clemens August Graf von Galen

Kardinal Clemens August Graf von Galen wurde im In- und Ausland bekannt, weil er mutig gegen die Herrschaft der Nationalsozialisten predigte. Von Galen wurde am 16. März 1878 auf der Burg Dinklage im oldenburgischen Münsterland geboren und im strengen katholischen Glauben erzogen. Er studierte Theologie, wurde 1903 in Münster zum Priester geweiht und wirkte 23 Jahre lang als Kaplan an der St.-Matthias-Kirche in Berlin.

1929 wurde von Galen zum Pfarrer von St. Lamberti in Münster, 1933 zum Bischof der Domstadt ernannt. Mit ihm übernahm im Jahr der nationalsozialistischen Machtergreifung ein Mann den Bischofsstab, der sich von den neuen Machthabern nicht einschüchtern ließ. Von Galen fühlte sich allein Gott, der Kirche und dem Glauben verpflichtet. Schon 1936 predigte er: „Lieber sterben als sündigen! Und sollte die Obrigkeit in Kirche oder Staat, in Gemeinschaft oder Familie ihre Stellung missbrauchend von uns verlangen, gegen Gottes Gesetz und gegen das nach Gottes Gesetz geformte Gewissen zu handeln, so wollen wir Leib und Leben opfern, aber unser Gewissen rein bewahren.“

1941 hielt der Bischof schließlich drei Predigten gegen die Willkürherrschaft der Nationalsozialisten, gegen die Vertreibung von Ordensleuten sowie gegen die Ermordung von Kranken in den Heil- und Pflegeanstalten. Die Gläubigen schrieben die Predigten im Gottesdienst mit, vervielfältigten und verbreiteten die Texte. So wurden die Predigten in ganz Deutschland, an der Front, in den besetzten Ländern und bei den Kriegsgegnern bekannt – von Galen wurde als „Löwe von Münster“ zu einem Symbol für ein anderes, besseres Deutschland.

Zähneknirschend ließen die Nationalsozialisten den Bischof gewähren, denn sie mussten befürchten, viele Gläubige in die offene Opposition zu treiben, sollten sie den Bischof verhaften oder gar ermorden. Nach dem Krieg wurde von Galen von Papst Pius XII. wegen seines mutigen Eintretens in den Kardinalsrang erhoben. Bei seiner Rückkehr aus Rom am 16. März 1946 feierten mehr als 50.000 Menschen auf dem Domplatz ihren Kardinal. Nur wenige Tage später aber, am 22. März 1946, starb von Galen an einem nicht erkannten Blinddarmdurchbruch. Am 9. Oktober 2005 wurde Kardinal von Galen von Papst Benedikt XVI. seliggesprochen.

026ms Abb.: cg

worden sei. Nachdem Münster 1815 endgültig preußisch geworden war, hatten die neuen Machthaber nämlich weniger die ganzheitliche Gestaltung des Platzes im Sinne, sondern nutzten vielmehr die Sprache der Architektur, um ihre Macht darzustellen. So errichteten die **Preußen** ihr **Regierungsgebäude** am Domplatz genau an der Stelle, wo zuvor der Bischof residiert hatte – wie konnten die neuen weltlichen Herrscher ihren Machtanspruch besser demonstrieren? Heute hat hier, am südlichen Domplatz Nr. 1–3, die **Bezirksregierung Münster** ihren Sitz. Ganz in diesem Sinne entstand 1887 ein repräsentatives Regierungsgebäude im Stil der Neorenaissance. Es wurde nach dem Zweiten Weltkrieg abgerissen und 1971 durch einen modernen, aber recht nüchternen Zweckbau ersetzt. 2005/2006 erhielt das Gebäude seine heutige Fassade.

027ms Abb.: cg

## 3 LWL-Museum für Kunst und Kultur ★★★ [D4]

Eine interessante **Kombination aus alter und neuer Architektur** stellt der Gebäudekomplex des LWL-Museums für Kunst und Kultur am südwestlichen Ende des Domplatzes dar. Wie eine scharfe Kante ragt eine Ecke des Neubaus auf den Domplatz, daneben fällt der Blick auf den Altbau. Das alte Gebäude und der 2014 fertiggestellte Neubau bilden zusammen ein einmaliges Ensemble. Mit dem Neubau bekam das ehemalige Landesmuseum für Kunst und Kulturgeschichte auch einen neuen Namen. Die Bezeichnung LWL-Museum soll darauf aufmerksam machen, dass das Museum keinesfalls vom Land, sondern vom **Landschaftsverband Westfalen-Lippe**, dem Kommunalverband der Region, getragen wird.

Der **Altbau**, im ausgehenden 19. Jahrhundert als Provinziallandtag der preußischen Provinz Westfalen errichtet, beherbergte schon 1908 ein Kunstmuseum, das bis ins 21. Jahrhundert den Namen Landesmuseum Münster trug. In den 1970er-Jahren erfolgte ein moderner Anbau, der 2014 schließlich durch einen Neubau von einem Architekten-

*Die Kreuzigungsgruppe von Bert Gerresheim an der Rückseite des Doms zeigt drei Personen aus der Münsteraner Geschichte, die heute als Selige verehrt werden*

Team rund um Volker Staab ersetzt wurde.

Mit diesem **Neubau** stehen dem Museum nicht weniger als 51 Ausstellungsräume zur Verfügung. Ausgehend vom lichtdurchfluteten Foyer führt ein Rundgang auf drei Etagen von der **Kunst des Mittelalters** bis zu **Werken der Gegenwart.** Neben sakraler Kunst und Exponaten der Renaissance sowie des Barock bildet die klassische Moderne einen Schwerpunkt des Museums. Überregionale Beachtung finden vor allem die Werke von Emil Nolde und August Macke. Insgesamt befinden sich über 300.000 Kunstwerke im Besitz des Museums.

Ein Teil des Museums bleibt **Sonderausstellungen** vorbehalten, mit denen die Kuratoren des Museums neue Einblicke in die Kunstgeschichte und in die moderne Kunst eröffnen.

› **LWL-Museum für Kunst und Kultur,** Domplatz 10, Tel. 5907201, www.lwl-museum-kunst-kultur.de, geöffnet: Di–So 10–18 Uhr, Eintritt: 8 €, erm. 4 €. Jeden zweiten Freitag im Monat ist das Museum bis 22 Uhr geöffnet. Der Eintritt ist dann frei.

Neben Kirche, Verwaltung und Museum befindet sich am Domplatz die Universität. Im **Fürstenberghaus** 23 sind die **Philosophische Fakultät** und das **Archäologische Museum der Universität** 23 untergebracht. Die Statue auf der kleinen Freifläche zwischen den Gebäudeflügeln erinnert an den Reformer Franz von Fürstenberg, der 1773 als bischöflicher Minister die Universität ins Leben rief.

Auf der anderen Seite des Domplatzes, ganz im Nordosten, erinnert im Schatten der Linden eine 1977 von Toni Schneider-Manzell geschaffene Statue an **Kardinal von Galen** (s. S. 18). Das Standbild ist übergroß und gewaltig. Es symbolisiert die Standhaftigkeit des Mannes, der als „Löwe von Münster" in die Geschichte einging.

Nur wenige Meter von der Statue entfernt befindet sich an der Rückseite des Doms die **Kreuzigungsgruppe** von Bert Gerresheim aus dem Jahre 2004. Bei einer genaueren Betrachtung gibt das Kunstwerk seine Geheimnisse preis: Die Personen unter dem Kreuz stellen Menschen aus der Geschichte Münsters dar, die heute als Heilige und Selige der katholischen Kirche verehrt werden. Rechts am Kreuz steht Kardinal von Galen. Auf der anderen Seite sind Schwester Maria Euthymia (s. S. 73) und die Nonne Anna Katharina Emmerick zu sehen. Abgewandt vom Kreuz sitzt Jan van Leiden, der König der Wiedertäufer.

Verlässt man den Domplatz über die Domgasse in Richtung Lambertikirche 8, so führt der Weg an den Resten der sogenannten **Immunitätsmauer** vorbei, die ab dem 12. Jahrhundert die Grenze zwischen dem Dombezirk und der Kaufmannssiedlung markierte, die um diese Zeit vor der Domburg entstand. Die Grenze hatte erhebliche Bedeutung: Auf der Seite des Doms galt nämlich kirchliches Recht, während auf der Seite der Kaufmannssiedlung städtisches Recht angewendet wurde.

*Das Rathaus 5 und das Stadtweinhaus 6 sind die einzigen Gebäude am Prinzipalmarkt, die nach dem Zweiten Weltkrieg wieder originalgetreu aufgebaut wurden*

028ms Abb.: Presseamt Münster©Tilman Roßmöller

# Prinzipalmarkt, Lambertikirche und Salzstraße

## 4 Prinzipalmarkt ★★★ [E4]

*Der Prinzipalmarkt ist Münsters „gute Stube“. 48 Giebelhäuser mit ihren charakteristischen Bogengängen prägen den Charakter dieser Straße. Tagsüber laden die Geschäfte zum Bummel ein, abends und nachts sind die Sandsteinfassaden wunderschön illuminiert.*

Im Mittelalter verlief an der Stelle des heutigen Prinzipalmarkts der **Fernhandelsweg** von Köln und Dortmund zu den Hafenstädten an Nord- und Ostsee. Nahe der Domburg stellten die Händler ihre Stände auf und hielten Markt. Der Name „Prinzipalmarkt“ erinnert daran, dass sich hier einmal der „Hauptmarkt“, der größte und wichtigste Marktplatz der Stadt, befand.

Im 11. und 12. Jahrhundert wurden die Marktstände schließlich zu Häusern, die sich dicht an den Rand der Domburg drängten.

Die berühmten **Bogengänge** verdankt der Markt dem beengten Raum. Um eine bestmögliche Ausnutzung der kleinen Grundflächen zu erhalten, stockte man die Häuser auf und ließ die oberen Stockwerke aufgestützt auf Holz- oder Steinpfeiler in den Straßenraum hineinragen. So konnten die oberen Stockwerke erweitert werden, ohne die Fläche des Marktes allzu sehr einzuschränken. Im 14. Jahrhundert entstanden die prachtvollen **Steinfassaden** und **Schaugiebel**, die zusammen mit den Bogengängen bis heute den einmaligen Charakter der Straße prägen.

Da im Laufe der Jahrhunderte immer wieder das ein oder andere Haus abgerissen und im jeweils „modernen“ Stil der Zeit neu gebaut wurde, bestimmte in den Jahren vor dem Zweiten Weltkrieg ein bunter Mix aus alten und neuen Baustilen das Aussehen des Prinzipalmarkts. Gotik, Renaissance und Barock standen nebeneinander und zeugten von der langen Geschichte dieser Straße.

Der alte Prinzipalmarkt wurde im Zweiten Weltkrieg unwiederbringlich zerstört. Nur wenige Gebäude überstanden die Bombenangriffe. So blieb z. B. die dreigeschossige Fassade des Wohn- und Geschäftshauses **Prinzipalmarkt 48** erhalten. Mit seiner Renaissancefassade und den rot-weißen Fensterläden gehört es zu den schönsten Gebäuden der Straße. Auch das Haus **Prinzipalmarkt 23** mit seiner in den 1920er-Jahren von Alfred Hensen gestalteten Fassade überdauerte den Krieg. Hier befand sich das Spielzeug- und Sportartikelgeschäft Brinckmann und so zieren die Fassade bis heute ein Fußball- und ein Tennisspieler sowie der Spruch: „Der Jugend das Beste".

Von den zerstörten Häusern am Prinzipalmarkt wurden nur das **Rathaus** 5 und das benachbarte **Stadtweinhaus** 6 nach dem Zweiten Weltkrieg originalgetreu wieder aufgebaut. Bei den anderen Häusern, die man neu errichtete, übernahm man die überlieferten Dimensionen der schmalen Grundstücke und die Giebel, ließ aber moderne Stile einfließen. So blieb der Gesamteindruck des Ensembles erhalten. Erst auf den zweiten Blick ist zu erkennen, dass die Häuser von der Architektursprache der frühen 1950er-Jahre geprägt sind. Bis heute hat diese architektonische Meisterleistung des Wiederaufbaus, die in Deutschland ihresgleichen sucht, ihren Reiz nicht verloren.

MEIN TIPP

### Täuferbrunnen

Man muss vor den Häusern Nr. 34–35 (in der Nähe des Blumenstands) schon genau auf das Pflaster des Prinzipalmarkts schauen, um ein denkwürdiges Kunstwerk zu entdecken. In der Pflasterung des Prinzipalmarkts markiert eine **Kapsel** die Stelle des ehemaligen Brunnens, an dem die Täufer ihre **Taufen** vollzogen. In dieser Kapsel befinden sich Wasser dieses Brunnens und Wasser aus dem Jordan im Heiligen Land, um an das Sakrament der Taufe zu erinnern.

029ms Abb.: cg

*Die im Boden eingelassene Kapsel enthält Jordanwasser und erinnert damit an die Täuferzeit*

*Die Fassade des Rathauses stammt im Original aus dem 14. Jahrhundert*

## 5 Historisches Rathaus und Friedenssaal ★★★ [E4]

*Das Rathaus ist das eindrucksvollste Gebäude am Prinzipalmarkt. Die prachtvolle Fassade aus dem 14. Jahrhundert, die nach dem Zweiten Weltkrieg rekonstruiert wurde, zeugt vom Reichtum der Stadt Münster und dem Selbstbewusstsein ihrer Bürger. 2015 wurde das Rathaus mit dem Europäischen Kulturerbe-Siegel ausgezeichnet, um an die Bedeutung des Ortes für den Westfälischen Frieden (s. S. 25) zu erinnern. Mit diesem Friedensschluss wurde in Münster und Osnabrück der Dreißigjährige Krieg beendet.*

Mit dem Rathaus, das bewusst am Hauptzugang zum Domplatz errichtet wurde, demonstrierten die Bürger ihre Macht und ihr Selbstbewusstsein gegenüber den Bischöfen, mit denen sie jahrhundertelang um die Vorherrschaft im mittelalterlichen Münster stritten. Die Ursprünge des Rathauses gehen bis ins **12. Jahrhundert** zurück. Bürgerhalle, Bögen und Schaugiebel wurden im 14. Jahrhundert errichtet.

Das **Bildprogramm** und die **Symbolik der Fassade** stellen die Wiederkehr des Messias und den Bürgerstolz der Münsteraner dar. Die Figur auf der Fiale (ein aus Stein gemeißeltes, schlankes Türmchen) rechts außen schaut in die Ferne, die Figur auf der Fiale links außen stößt in die Trompete: Es sind die Wächter, die auf die Ankunft des Herrn warten. Die mittleren Fialen stellen mit den Figuren von Moses und Elias die Stufe der Verheißung dar. Auf den obersten vier Fialen sind schließlich Engel zu sehen, die Christus und Maria huldigen, die im sogenannten Himmelsschrein die Fassade des Rathauses krönen. Direkt darunter symbolisiert eine Statue Karls des Großen, der den heiligen Liudger im ausgehenden 8. Jahrhundert als Missionar nach Westfalen schickte, die weltliche Macht.

Nachdem das Rathaus im Zweiten Weltkrieg zerstört worden war, wurde es beim Wiederaufbau erneut zum **Symbol des stolzen Münsteraner Bürgertums.** Denn die Stadtverwaltung hatte angesichts der Kriegszerstörungen andere Sorgen, als sich ausgerechnet um das Rathaus zu kümmern. Ihr kam es hauptsächlich auf die Instandsetzung der Infrastruktur an. Deshalb sammelten die Stadtbewohner aus eigener Kraft Spenden und organisierten mehrere Lotterien, um den Wiederaufbau zu finanzieren. Der Erfolg gab ihnen recht: Im Jahr

030ms Abb.: cg

1958 war das Rathaus wieder komplett hergestellt.

Bereits 10 Jahre früher konnte der **Friedenssaal** des Rathauses zum 300. Jubiläum des Westfälischen Friedens wieder eingeweiht werden. Bis ins 18. Jahrhundert hinein tagte in diesem Saal der Rat der Stadt Münster. Auch das Schöffengericht kam hier zusammen und sprach Recht. Die wertvolle Einrichtung aus dem 16. Jahrhundert wurde im Stile der Renaissance von dem Maler Hermann tom Ring entworfen. Während des Zweiten Weltkriegs wurde die Inneneinrichtung ausgelagert und überstand so die Zerstörung des Rathauses.

Am Eingang des Saals sieht man die sprichwörtlich gewordenen Schranken des Gerichts, die während der Gerichtsverhandlungen die Richter von den Parteien und Zuschauern trennte. Unter der Decke befindet sich auf Lateinisch und Platt die Mahnung „Audiatur et altera pars“ bzw. „men hoere beide parte“ („Man höre beide Seiten“). Unter einem Baldachin an der Nordwand befinden sich eine große Schrankwand für die städtischen Akten, die Bürgermeisterbank und der Gerichtstisch. Die 22 Türen der Wandschrankfächer sind mit kostbaren Schnitzereien verziert, die Szenen der Bibel, Heiligenfiguren und mancherlei menschliches Laster darstellen. Eine besondere Ordnung oder ein Bildprogramm ist indes nicht auszumachen. So sieht man u.a. den heiligen Georg einen Drachen bezwingen oder zwei kopflose Männer, die gegeneinander kämpfen. An einer anderen Tür schlagen zwei Affen mit Äxten auf sich ein und ein Säufer trinkt aus einem großen Krug. An den Längsseiten des Raums befinden sich Bänke für die Ratsherren. Die Fenster sind von Schnitzereien umrahmt, die Moses als Gesetzgeber, die vier Evangelisten sowie Allegorien auf die sieben freien Künste darstellen. Die gegenüberliegende Sitzreihe ist mit den Darstellungen von Christus und den zwölf Aposteln verziert.

Während der Verhandlungen zum **Westfälischen Frieden** (s. S. 25) wurden die Gesandten in diesem Saal empfangen. Hier fanden Feste und Ballettaufführungen statt – nur in großer Runde verhandelt wurde hier nicht. Vielmehr tauschten die Delegationen während der jahrelangen Verhandlungen über einen Vermittler nur Schriftstücke aus und führten bilaterale Gespräche. Auch als am 24. Oktober 1648 der Friedensvertrag unterzeichnet wurde, geschah das nicht im Friedenssaal. Die Gesandten setzten ihre Unterschriften in ihren jeweiligen Quartieren unter das historische Dokument.

Gleichwohl war hier schon fünf Monate früher – am 15. Mai 1648 – der Friedensvertrag zwischen den **niederländischen Generalstaaten** und **Spanien** beschworen worden, der die Unabhängigkeit der Niederlande von Spanien festschrieb. Es war vor allem dieser Schwur, der dem Friedenssaal seinen Namen gab. Neben dem Kamin zeigt der Kupferstich eines Gemäldes von Gerard Terbroch diesen spanisch-niederländischen Friedensschluss.

Wenngleich also nur ein Teil des Westfälischen Friedens im historischen Rathaus geschlossen wurde, wurde der Friedenssaal in den folgenden Jahrhunderten zum Symbol für den Westfälischen Frieden schlechthin. 37 Porträts, die Herrscher und Gesandte der beteiligten Mächte und Kriegsparteien zeigen, schmücken die West- und Südseite des Raumes.

Im direkten Bezug zum Friedenssaal im Rathaus steht der Platz des Westfälischen Friedens hinter dem Rathaus. Als die Stadt Münster 1993 ihr 1200-jähriges Bestehen feierte, wurde dort die **Skulptur „Toleranz durch Dialog“** von Eduardo Chillida aufgestellt. Sie überträgt den historischen Friedensschluss als Forderung in die Gegenwart: Zwei übergroße Bänke aus 18 Tonnen rostigem Stahl stehen sich gegenüber und verlangen fast gebieterisch den Dialog. Denn wer sitzt, sagt Eduardo Chillida, kämpft nicht.

Eine zusätzliche Bedeutung erhält das Kunstwerk vor dem Hintergrund, dass sich an der Stelle des heutigen Rathaus-Innenhofes bis ins 14. Jahrhundert hinein die erste **jüdische**

## Westfälischer Frieden

Nach jahrelangen Verhandlungen beendete der Westfälische Frieden im Jahr 1648 den Dreißigjährigen Krieg. Da Münster und Osnabrück den Dreißigjährigen Krieg unbeschadet überstanden hatten, wurden die Verhandlungen in diesen beiden Städten geführt. In Osnabrück verhandelten die Gesandtschaften des Kaisers, der Reichsstände und Schwedens. In Münster rangen hingegen die Gesandten des Kaisers mit den Vertretern Frankreichs und die Niederländer mit Spanien um Frieden. Zwischen den Parteien vermittelte unter anderen der Vertreter des Vatikans, Fabio Chigi, der später als Papst Alexander VII. Oberhaupt der römischen Kirche wurde.

Die Städte Münster und Osnabrück wurden für die Zeit der Verhandlungen für neutral erklärt und von ihren Verpflichtungen gegenüber Kaiser und Landesherren entbunden. Gleichzeitig aber sahen sich die Städte enormen Herausforderungen gegenüber. Denn allein in Münster mussten nicht nur über 230 Gesandte, sondern auch deren Gefolge untergebracht und versorgt werden – insgesamt wohl über 10.000 Menschen. „Die Hölle muss leer sein, denn die Teufel sind alle in Münster“, schrieb der Gesandte aus Mantua.

Theateraufführungen und Bankette, Feste und Bälle prägten das gesellschaftliche Leben der Stadt während der Friedensverhandlungen, denn nicht zuletzt nutzten die Gesandten diese festlichen Anlässe, um ihr Ansehen zu vergrößern und damit ihre politischen Positionen zu festigen.

Als der Friede am 24. Oktober 1648 geschlossen wurde, wurden von Münster und Osnabrück Reiter ausgesandt, die die Kunde vom Frieden in die Welt hinaustrugen. Bis heute sind die Friedensreiter ein Symbol für den historischen Friedensschluss.

031ms Abb.: cg

**Siedlung** der Stadt Münster befand. Im unmittelbaren Umfeld gab es eine Synagoge, eine Mikwe (ein rituelles Tauchbad) und einen Schochet (einen Schlachter, der die jüdische Bevölkerung mit koscheren Fleisch versorgte). Nicht zufällig lag die jüdische Siedlung mitten im Zentrum der aufblühenden Stadt. In der aufstrebenden Handelsmetropole waren Juden vor allem als Finanzfachleute und Steuerzahler willkommen. Als in der Mitte des 14. Jahrhunderts jedoch die große Pestepidemie Europa ergriff, wurden die Juden für deren Ausbruch verantwortlich gemacht. Auch in Münster wurde ihnen vorgeworfen, die Brunnen vergiftet zu haben. Die Synagoge und andere Kulteinrichtungen wurden zerstört. Ein anonymer Chronist berichtete: „Und wie hier wurden allerwegen die Juden getötet, denn man gab ihnen die Schuld an der Seuche".

Über Jahrhunderte gab es keine jüdische Gemeinde mehr in Münster. Zwar lebten immer wieder Juden – mehr oder weniger wohlwollend toleriert – in der Stadt, doch ein jüdisches Gemeindewesen und Kulturleben etablierte sich erst wieder im 19. Jahrhundert und fand seinen Mittelpunkt an der neu errichteten **Synagoge** 33 in der Klosterstraße.

› **Rathaus,** Prinzipalmarkt 10, Tel. 4922724, geöffnet: Di–Fr 10–17, Sa, So, Feiertage 10–16 Uhr, Eintritt Friedenssaal: 2 €, ermäßigt: 1,50 €

KURZ & KNAPP

### Der Preis des Westfälischen Friedens

Seit 1998 verleiht die **Wirtschaftliche Gesellschaft für Westfalen und Lippe e. V.** alle zwei Jahre den Preis des Westfälischen Friedens an Personen, die sich in besonderer Weise für Europa eingesetzt haben, und an Jugendliche und Jugendgruppen, die vorbildliche Arbeit für den Frieden und die Verständigung leisten. 2024 erhält der französische Staatspräsident Emmanuel Marcon zusammen mit dem Deutsch-Polnischen Jugendwerk den renommierten, mit insgesamt 100.000 € dotierten Preis. Zu den Preisträgern der vergangenen Jahre gehören u. a. der Dirigent Daniel Barenboim und das von ihm gegründete West-Eastern Divan Orchestra, die Besatzung der Internationalen Raumstation, die Altbundeskanzler Helmut Kohl und Helmut Schmidt sowie der ehemalige UN-Generalsekretär Kofi Annan.

## 6 Stadtweinhaus ★★ [E4]

Das Stadtweinhaus wurde 1615/1616 im Stil der **Spätrenaissance** errichtet und nach der Zerstörung im Zweiten Weltkrieg wie das Rathaus 5 originalgetreu wieder aufgebaut. Seinen Namen erhielt das Gebäude, weil in ihm früher der städtische Wein gelagert wurde, dessen Verkauf ein Monopol der Stadt war. Auch die städtische Waage war hier einst untergebracht. Heute tagen im Stadtweinhaus die Ausschüsse und Fraktionen des Stadtrats.

Besonders auffällig ist der hervorspringende **Sentenzbogen** mit dem **Balkon.** Von dort wurden früher die Rats- und Gerichtsbeschlüsse verlesen, heute zeigen sich hier hohe Gäste der Stadt: Längst ist es Brauch geworden, dass die **Träger des Westfälischen Friedenspreises** (s. links), der alle zwei Jahre in Münster verliehen wird, nach der Verleihung vom Balkon ein paar Worte an die Münsteraner richten.

› Prinzipalmarkt 8

## 7 Stadthausturm ★ [E4]

Der markante Turm am südlichen Ende des Prinzipalmarkts gehörte zum alten **Stadthaus,** das in den Jahren 1901 bis 1905 nach Plänen von Alfred Hensen im neugotischen Stil an der Klemensstraße errichtet worden war, um der Stadtverwaltung genügend Raum zu schaffen. Das Gebäude wurde im Krieg zerstört, nur der Stadthausturm blieb erhalten. Jeden Tag um 11, 15 und 19 Uhr erklingt das Glockenspiel des Stadthausturms. Gelegentlich finden Livekonzerte statt, bei denen der „Stadtglockenspieler“ seine Kunst zum Besten gibt.

Im Stadthausturm befindet sich heute die Kinderbetreuung **Maxi-Turm** (s. S. 122).

› Prinzipalmarkt 15

⌃ *Der Stadthausturm gehörte einst zum Gebäude der Stadtverwaltung*

## 8 Lambertikirche ★★★ [E3]

*Im 10. Jahrhundert entstand in der Umgebung der heutigen Lambertikirche eine Kaufmannssiedlung. In der ersten Hälfte des 11. Jahrhunderts errichteten die Kaufleute eine erste Kirche, die in den folgenden Jahrhunderten mehrfach erweitert und reichhaltig ausgestattet wurde. Berühmt wurde sie vor allem durch die drei eisernen Käfige an ihrem Turm. In ihnen wurden 1536 die Leichname der drei Anführer der Täuferbewegung nach deren Hinrichtung aufgehängt.*

Die Kirche ist dem **heiligen Lambertus** geweiht, der 705/706 in Maastricht den Märtyrertod starb. Weil die Münsteraner Kaufleute weitreichende Geschäftsbeziehungen zu den Städten an der Maas unterhielten, setzte sich die Verehrung des hl. Lambertus auch in Münster fort.

In den folgenden vier Jahrhunderten folgten an der Stelle des ersten Gotteshauses drei weitere, immer größere Bauten der Lambertikirche. Die Pracht der Kirche, deren reiches Dekor unter anderen **Hallenkirchen** in Westfalen heute ihresgleichen sucht, verdeutlicht das **Aufblühen der Stadt** und das **Erstarken des Bürgertums.** Stets war die Kirche eng mit der Bürgerschaft verbunden. Im Turm rief die städtische Ratsglocke zur Versammlung. Als Brand- und Sturmglocke warnte sie vor Feuer, Unwettern und feindlichen Truppen. Seit dem 14. Jh. ist ein **Türmer** bezeugt. 2014 wurde erstmals eine **Frau zur Türmerin** ernannt. Wie ihre Vorgänger stößt Martje Saljé von 21 bis 24 Uhr zur vollen und zur halben Stunde ins Horn. Das Hornsignal ist in der ganzen Altstadt zu hören. Nur Dienstag bleibt es still – dann hat die Türmerin ihren freien Tag.

033ms Abb.: cg

Weit über Münster hinaus wurde die Lambertikirche bekannt, weil an ihrem Turm nach der **Niederschlagung der Täuferherrschaft** 1536 die Leichname der drei Anführer in **eisernen Käfigen** aufgehängt wurden. Sie sollten die Münsteraner fortan vor religösem Wahn und Aufruhr warnen. Tatsächlich handelt es sich bei den Körben noch immer um die Originale.

Der heutige Turm der Lambertikirche ist indes vergleichsweise jung, denn Ende des 19. Jahrhunderts drohte der Vorgänger einzustürzen und musste abgetragen werden. Nach dem Vorbild des Freiburger Münsters plante Hilger Hertel den Neubau eines neugotischen Turms, der 1898 fertiggestellt wurde. Der aufmerksame Betrachter entdeckt im **Westportal** unter dem Turm bekannte Gesichter, denn der damalige Pfarrer Hermann Kappen und der leitende Baumeister Hertel teilten die Begeisterung und Hochachtung für Johann Wolfgang von Goethe und Friedrich Schiller, und so finden sich die beiden Dichterfürsten am Portal wieder – die Evangelisten Lukas und Johannes tragen ihre Gesichtszüge.

*Der Prinzipalmarkt* 4 *mit Blick auf die Lambertikirche* 8

Auf dem **Kirchplatz der Lambertikirche** steht der **Lamberti-Brunnen.** Er wurde 1956 von Heinrich Bäumer entworfen und zeigt eine typische münsterländische Bauernfamilie. In den 1970er- und 1980er-Jahren war der Brunnen ein beliebter Treffpunkt der Münsteraner Jugend, die sich aber heute lieber am Aasee trifft.

Auf dem Boden des **Drubbels,** dem Platz auf der anderen Seite der Lambertikirche, weist eine erst auf den zweiten Blick erkennbare Linie aus Pflastersteinen auf die verschwundene Bebauung hin: Im Laufe der Zeit waren aus den Marktständen dichtgedrängte Häuser hervorgegangen, die sich teils mitten auf der heutigen Straße, teils auf dem heutigen Bürgersteig befanden. Gleich zehn Gebäude standen hier dicht gedrängt auf engstem Raum. Es „drubbelte" – und so erhielt der Platz seinen Namen. Um den Verkehr überhaupt um diese Bebauung herumführen zu können, mussten die auf der Domseite des Drubbels errichteten Häuser sogar auf den Bogengang verzichten, damit genügend Platz für Fuhrwerke. Bis heute ist der Bogengang an dieser Stelle unterbrochen. 1906 wurde die Bebauung des Drubbels abgerissen.

› Lambertikirchplatz, geöffnet: Mo–Sa 8–19, So 9–19 Uhr

# Das „Himmlische Jerusalem“ – die Täuferherrschaft in Münster

In den Jahren 1534/1535 wurde Münster das Zentrum der Täuferbewegung, die wenige Jahre zuvor ihre Anfänge in der Reformation genommen hatte, als sich die Lehren Martin Luthers und Ulrich Zwinglis mit ihrer Kritik an der bestehenden Kirche schnell ausbreiteten. Die „Gemeinde Christi“, so nannten sich die Anhänger der Täuferbewegung selbst, **lehnten die Kindertaufe ab,** weil es die freie und bewusste Entscheidung jedes Einzelnen sein sollte, sich durch die Taufe zum Glauben und zu Gott zu bekennen. Das Sakrament wurde bei ihnen daher im Erwachsenenalter vollzogen. Ihre Gegner verspotteten die Bewegung als **„Wiedertäufer“.** Historiker sprechen heute von den „Täufern“.

In Rückbesinnung auf die frühchristliche Gemeinschaft traten die Täufer aber auch noch in anderen theologischen Fragen in Widerspruch zur katholischen wie auch zur lutherischen Lehre. Es konnte daher nicht ausbleiben, dass die Täufer bald im ganzen Reich brutaler **Verfolgung** ausgesetzt waren. Nur **Münster** machte eine Ausnahme. In der Auseinandersetzung um die Reformation zwischen dem Bischof, dem Rat der Stadt und ihren Gilden wurde Anfang 1534 beschlossen, „einen jderen by synen gloven tho laten, so lange dat eth got bettert“. Jeder sollte also seinen eigenen Glauben ausüben können. So konnten die Täufer ihren Glauben in Münster ohne Angst vor Verfolgung leben. In der neuen Freiheit der Religionsausübung sahen sie zugleich ein **Zeichen Gottes:** Münster, so glaubten sie, sei das „Neue Jerusalem“. Nur hier würde es Sicherheit und Frieden während des **Jüngsten Gerichts** geben – und dieses stünde unmittelbar bevor.

Der selbsternannte Prophet **Jan Matthysz** sagte das Weltende für Ostern 1534 voraus. Da der Bischof Franz von Waldeck Anfang 1534 mit der Belagerung der Stadt begonnen hatte, um dem Täufertum in der Stadt ein Ende zu bereiten, wurden die Täufer in ihrem Glauben bestärkt, diese auserwählte Stadt bis zum letzten Tag rein halten und verteidigen zu müssen. Die Erwartung des Jüngsten Gerichts, der Glauben, im „Neuen Jerusalem“ zu leben und die äußere Bedrohung durch die Truppen des Bischofs bildeten die Grundlage, auf der Jan Matthysz und Jan von Leiden in den folgenden Monaten eine **Gewaltherrschaft** in Münster errichteten.

Obwohl die Täufer von der Toleranz des Münsteraner Stadtrates profitiert hatten, zeigten sie sich nun gegenüber anderen Glaubensrichtungen sehr intolerant. Schon im Februar 1534 wurden alle Bürger aus der Stadt vertrieben, die sich nicht zum Täufertum bekennen wollten. Gleichzeitig kam es zu Massentaufen auf dem Prinzipalmarkt, an die heute noch ein kleines Denkmal erinnert (s. S. 22).

Bald wurde in der Stadt die Güterteilung mit der Aufhebung des Privateigentums eingeführt und der Geldverkehr abgeschafft. Diese innovativen Maßnahmen waren indes nicht nur religiös begründet. Sie stellten vielmehr einen durchaus effektiven Weg dar, die knappen Lebensmittel und Güter in der belagerten Stadt zu bewirtschaften. Es entstand eine Art Kriegswirtschaft, in der das Vermögen allein zur Verteidigung der Stadt verwendet und die Lebensmittel nach den Bedürfnissen verteilt wurden.

Ostern 1534 jedoch blieb der von Jan Matthysz vorhergesagte Weltuntergang bekanntlich aus. Vielleicht erwartete er, am „Tage des Herrn“ die Belagerungstruppen besiegen zu können, vielleicht glaubte er, dass sein Tod der Wiederkehr Christi vorausgehen müsse – jedenfalls ritt er am Ostertag mit wenigen Begleitern den bischöflichen Truppen entgegen und wurde von ihnen in Stücke geschlagen.

In der Stadt wurde nun Jan Bockelson aus Leiden, genannt **Jan von Leiden,** zur führenden Person. Durch den Ausbau der Befestigungsanlagen, bei dem man auch den Figurenschmuck der Münsteraner Kirchen als Baumaterial verwendete, und durch die Stationierung von Kanonen auf den Kirchtürmen konnte die Stadt lange gegen die bischöflichen Truppen verteidigt werden. Bis heute erinnert die fehlende Kirchturmspitze der Überwasserkirche daran, dass man auf dem Kirchturm einst Kanonen aufgestellt hatte.

Im September 1534 ließ sich Jan von Leiden schließlich **zum König ausrufen.** Zusammen mit seinem Statthalter Bernd Knipperdolling, dem Kanzler Heinrich Krechting und dem königlichen Rat Bernd Krechting entfaltete er eine bizarre Herrschaft. Wenn der König mit seinem Gefolge hoch zu Ross und in prachtvollen Kleidern durch die Stadt ritt, mussten sich seine Untertanen niederwerfen. Im Sommer 1534 wurde die sogenannte **Vielweiberei** eingeführt. Jeder Mann hatte fortan das Recht, mehrere Frauen zu ehelichen, jede Frau in der Stadt musste verheiratet sein. Jeder Widerspruch gegen diese Herrschaft wurde mit dem Tod bestraft. Oft erzählt werden die Geschichten, in denen Jan von Leiden Menschen wegen einer kritischen oder auch nur unbedachten Äußerung eigenhändig köpfte.

Im Frühjahr 1535 waren die Vorräte der Stadt aufgebraucht. Zur Willkürherrschaft trat die **Hungersnot.** Im Juni 1535 gelang dem Schneider Heinrich Gresbeck die Flucht aus Münster. Er verriet den bischöflichen Belagerern die Schwachstelle in der Stadtbefestigung, sodass die bischöflichen Truppen über das Kreuztor nach Münster einfallen konnten. Sie eroberten die Stadt und richteten ein Blutbad an, dem 600 Münsteraner zum Opfer fielen. Die Anführer Jan von Leiden, Bernd Krechting und Bernd Knipperdolling wurden verhaftet und im Januar des Jahres 1536 **zum Tode verurteilt.** Die Hinrichtung wurde auf dem Prinzipalmarkt vollstreckt. Vier Stunden wurden die Delinquenten mit glühenden Zangen gefoltert, dann wurden sie mit einem Dolch erstochen. Ihre sterblichen Überreste wurden in eisernen Körben an den Turm der Lambertikirche gehängt. Die Körbe dienten als Mahnung, nie wieder den Pfad des rechten Glaubens zu verlassen. Wie die Geschichte der Wiedertäufer zu bewerten ist – darüber streiten die Münsteraner bis heute. Einerseits wird der religiöse Wahn hervorgehoben, der die Menschen zu Gewalttaten führt. Andererseits können die Wiedertäufer als soziale Bewegung gesehen werden, die gegen die Missstände des 16. Jahrhunderts revoltierte. Auf jeden Fall sind die Körbe zum Wahrzeichen der Stadt geworden.

Für die Skulpturenausstellung 1987 installierte Lothar Baumgarten drei „Irrlichter“ in den Körben, die nachts leuchten, um an die Seelen zu erinnern, die keine Ruhe finden können.

## 9 Salzstraße ★★ [E4]

*An der Lambertikirche beginnt die Salzstraße, die nach Osten bis zur Promenade führt. Die Fußgängerzone gehört zu den beliebtesten Einkaufsstraßen in Münster.*

Lange Zeit galt es als ausgemacht: Die Salzstraße heiße Salzstraße, weil hier mit Salz gehandelt worden sei, doch bis heute konnten keinerlei Belege dafür gefunden werden. Ab dem 14. Jahrhundert als „vicus salis" bezeichnet, war die Straße zunächst nicht viel mehr als ein Feldweg. Im 17. Jahrhundert aber verlagerte sich das gesellschaftliche Leben des Adels im Winter von den Burgen und Herrensitzen des Münsterlands in die Stadt. An der Salzstraße entstand eine Reihe von **Adelshöfen**, die um die prächtigste Form und die schönste Ausstattung wetteiferten. Neben dem Alten Steinweg und der Königsstraße wurde sie zu einer der besten Adressen der Stadt.

Heute ist von dem feudalen Flair des 17. und 18. Jahrhunderts kaum mehr etwas zu spüren. Nach den verheerenden Zerstörungen im Zweiten Weltkrieg hat sich das Gesicht dieser heute von Kommerz geprägten Straße völlig geändert. Zahlreiche Geschäfte und Lokale reihen sich aneinander. Gleichwohl befindet sich hier und in der unmittelbaren Umgebung das kunst- und architekturgeschichtlich bedeutsame **„Barocke Dreieck"** mit der Dominikanerkirche 10, dem Erbdrostenhof 11 und der Clemenskirche 12.

In der Pflasterung der Salzstraße erinnern Wappen und in Messing eingefasste **Steine aus Hansestädten** daran, dass einst auch Münster zu diesem Handelsbündnis aus rund 200 Städten gehörte.

## 10 Dominikanerkirche ★★★ [E4]

Die Kuppel der Dominikanerkirche überragt die Gebäude der Salzstraße und doch geht die **barocke Sandsteinfassade** fast im geschäftigen Trubel unter. Dabei stände die Kirche auch einer römischen Piazza gut zu Gesicht, denn der Architekt Lambert von Corfey ließ sich beim Entwurf der Kirche von der italienischen und französischen Architektur inspirieren. Die Kirche gehörte einst zum Dominikanerkloster. Von dem ehemaligen Gebäude des Konvents, der sich einst unmittelbar an die Kirche anschloss, ist heute nur eine Fassade am Westportal der Kirche erhalten.

Seit 2018 hat in der Dominikanerkirche ein besonders **Kunstwerk** seinen Platz: „Zwei Graue Doppelspiegel für ein Pendel" von **Gerhard Richter.** Von der Kuppel herab schwingt an einem 29 Meter langen Seil ein foucaultsches Pendel über einer Bodenplatte mit vier Metern Durchmesser. Da sich aufgrund der Erddrehung auch der Boden unter dem Pendel bewegt, wird die Erddrehung für den Betrachter sichtbar. In vier rechteckigen, sechs Meter hohen Glastafeln spiegeln sich die Bewegung des Pen-

MEIN TIPP

### Hot Dog Station Münster

In einer schmalen Seitenstraße der Salzstraße bietet die Hot Dog Station eine große Auswahl unterschiedlicher Hot Dogs – von der einfachen Wurst im Brötchen über das Cincinnati Chilli Hot Dog bis zum John Wayne's Bacon & Eggs Hot Dog.

1 [E3] **Hot Dog Station**, Bolandsgasse 4, www.hotdog-muenster.de, geöffnet: Mo–Fr 11–19.30, Sa 11–18 Uhr

dels, der Kirchenraum und die Besucher – immer neue Reflexionen lassen vielfältige Formen entstehen. Richter schenkte das Kunstwerk der Stadt und ermöglichte so eine nachhaltige Nutzung der seit 2017 profanierten Kirche als Ort der Kunst und Begegnung.

Neben der modernen Kunst bildet die alte Ausstattung der Kirche einen beeindruckenden Kontrapunkt. Der Chorraum mit dem barocken Hochaltar ist durch eine Mauer abgetrennt, was an die frühere Verwendung als Konventkirche erinnert. Der Hochaltar wurde im späten 17. Jahrhundert von Heinrich Gröne für die Gaukirche in Paderborn geschaffen. Erst 1903 wurde er nach Münster gebracht und an seinem jetzigen Ort aufgestellt. In der Gruft der Kirche liegt auch ihr Baumeister, Lambert von Corfey, begraben. Das Epitaph für den Architekten entwarf sein berühmter Schüler Johann Conrad Schlaun, der die Stadt Münster mit seinen Bauwerken prägte.

Auf dem Platz zwischen der Dominikanerkirche und Karstadt steht ein **Windspiel:** Hoch über der Straße drehen sich Plastiken des Künstlers **Tomitaro Nachi**, die wegen ihrer Form im Volksmund als „Fliegende Bananen“ bezeichnet werden. Sie stehen für den bewegten Austausch der Stadt Münster mit ihren Partner-

## Meister des Barocks – der Architekt Johann Conrad Schlaun

Johann Conrad Schlaun (1695–1773) zählt zu den bedeutendsten Architekten im Münsterland und gilt als hervorragender Vertreter der spätbarocken Architektur. Als Landingenieur und Generalmajor im Dienste des Münsteraner Fürstbischofs entwarf er zahlreiche Gebäude. Inspiriert wurde er dabei vor allem von seinen Reisen nach Italien, Frankreich und Süddeutschland, die er zwischen 1722 und 1742 mehrfach unternahm. Seine Kirchen, Schlösser und Adelspalais gehören zu den bedeutendsten Kunstwerken des Barocks. In Münster sind der Erbdrostenhof (11), die Clemenskirche (12) und das Schloss (30) besonders sehenswert. Geschwungene Fassaden und der geschickte Wechsel von Back- und Sandstein wurden zu seinem Markenzeichen.

034ms Abb.: cg

*Am Schloss erinnert diese Tafel an Johann Conrad Schlaun*

035ms Abb.: Presseamt Münster©Angelika Klauser

städten. In einer Windrose auf dem Boden sind Richtung und Entfernung der Münsteraner Partnerstädte angegeben.

› Salzstraße 10

## 11 Erbdrostenhof ★★★ [F4]

*Der Erbdrostenhof ist ein barockes Meisterstück des Architekten Johann Conrad Schlaun. Schon bei seiner Fertigstellung 1757 war der Erbdrostenhof mit seiner geschwungenen und reich verzierten Fassade das prächtigste Adelspalais in Münster. Aufgrund seiner Pracht wird es nicht selten mit dem Schloss des Münsterschen Fürstbischofs 30 verwechselt.*

Der Bauherr dieses Palais war **Adolph Heidenreich Freiherr von Droste Vischering.** Als Erbdroste hatte er das Amt des obersten Verwaltungsbeamten im Fürstbistum Münster inne. Seinem hohen Rang entsprechend hatte er sich eine dreiflügelige Stadtresidenz gewünscht, doch auf dem zur Verfügung stehenden Grundstück ließen sich diese Pläne kaum verwirklichen. Der Architekt Johann Conrad Schlaun entwickelte daher einen genialen Plan: Er setzte das Gebäude diagonal auf das Grundstück und deutete die Flügel durch eine **geschwungene Fassade** an, die durch den **Wechsel von Sand- und Backsteinen** gegliedert wird.

Das Gebäude symbolisiert die Macht des Drosten. Familiäres Glück hatte er indes nicht. Die Fassadengestaltung erinnert an die verstorbene **Ehefrau** des Drosten, **Antoinette von Aschenberg:** So steht die Jahreszahl 1754 am Gebäude nicht, wie man vorschnell annehmen könnte, für das Jahr der Fertigstellung, sondern für das Todesjahr der Ehefrau. Unter den Balkonen sind die zwölf **Monate** des Jahres in Allegorien dargestellt – von links nach rechts folgen sie dem Jahreslauf und symbolisieren, wiederum in Erinnerung an die verstorbene Ehefrau, Leben und Tod. So stehen Karnevalssymbole für den Februar, Kirschen und Gartenschere verweisen auf den Juni und der November

*⌃ Der Erbdrostenhof mit seiner geschwungenen Fassade ist ein Meisterwerk von Johann Conrad Schlaun*

wird durch Mettwürste symbolisiert, die in Westfalen zum herbstlichen Grünkohlessen gehören.

Bei seiner Fertigstellung im Jahr 1757 war der Erbdrostenhof das prächtigste Gebäude der Stadt. Schon bei der Planung hatten Bauherr und Architekt allerdings nicht nur im Sinn, dem Erbdrosten eine prunkvolle Stadtresidenz zu schaffen. Vielmehr sollte der gesamte Ostflügel auch als überaus noble **Gästewohnung** genutzt werden können, denn man erwartete keinen geringeren Gast als den **Fürstbischof von Münster.** Ein Schloss gab es in Münster noch nicht und so residierte der Landesherr, der im 17. und 18. Jahrhundert oft in Personalunion auch Erzbischof von Köln war, lieber im rheinländischen Brühl oder auf Schloss Clemenswerth im Emsland. Falls er doch einmal nach Münster kam, sollte der Erbdrostenhof zum „Residenz-Ersatz" werden.

Zunächst aber kamen andere Gäste, denn der Bau des Erbdrostenhofs fiel in bewegte Zeiten: In Europa tobte der Siebenjährige Krieg (1756–1763). Als wichtige Festung zwischen Rhein und Weser wurde Münster zunächst von den Franzosen besetzt. Noch 1757 bezog der französische **Marschall d'Estrées** den Erbdrostenhof und richtete hier sein Hauptquartier ein. Fortan wurden hier glänzende Feste gefeiert. Zwei Jahre später wiederum wählte **Herzog Ferdinand von Braunschweig** den Erbdrostenhof zum Hauptquartier, nachdem seine Truppen die Stadt eingenommen hatten.

Im **Zweiten Weltkrieg** wurde das Gebäude durch Luftangriffe schwer beschädigt. Der Wiederaufbau begann 1948 und wurde erst 1985 vorläufig abgeschlossen.

Das **Prunkstück** des Erbdrostenhofs, der zwei Stockwerke hohe, reich verzierte und bemalte **Festsaal**, ist nur zu besonderen Anlässen zugänglich. Dazu zählen beispielsweise die Erbdrostenhofkonzerte, die das Theater Münster 27 regelmäßig veranstaltet, und die Konzertreihe „Chapeau Classique" mit jungen Virtuosen (www.chapeau-classique.de).

› Salzstraße 38

## 12 Clemenskirche ★★★ [E4]

*Nur wenige Meter vom Erbdrostenhof 11 entfernt, etwas abseits des geschäftigen Treibens auf der Salzstraße, schließt die Clemenskirche das „Barocke Dreieck" ab. In den Jahren 1745 bis 1753 schuf Johann Conrad Schlaun mit diesem Gotteshaus die bedeutendste Barockkirche Norddeutschlands. Die Innenausstattung erfolgte nach dem Tod des Architekten im überaus reichen Rokoko und vermag heute noch die Besucher in Staunen zu versetzen – nicht von ungefähr ist die Clemenskirche ein beliebter Ort, um zu heiraten.*

Die Kirche wurde vom **Fürstbischof Clemens August von Bayern** aus dem Hause Wittelsbach in Auftrag gegeben und so ist es kein Zufall, dass diese Kirche an süddeutsche Sakralbauten erinnert. Am Wappen des Bischofs, das über dem Portal prangt, sind die bayerischen Rauten zu erkennen, im Inneren erstrahlen die Säulen neben dem Altar im Blau der Wittelsbacher – eben jener Farbe, die heute noch auf den bayerischen Fahnen zu finden ist.

Das **Bildprogramm** im Innenraum wird vom Martyrium und der Himmelfahrt des Namenspatrons, des heiligen Clemens aus dem 2. Jahrhundert, bestimmt. Das Altarbild zeigt, wie Clemens an einen Anker gebunden und ertränkt wird. An der Decke ist seine Himmelfahrt zu sehen. Gottvater, Jesus und Maria, Noah, Moses, der heilige Nikolaus und nicht weniger als 250 weitere Heilige empfangen den heiligen Clemens im Himmel.

Heute ist die Kirche ein **freistehendes Gebäude.** Tatsächlich schlossen sich an den Kirchenbau einst die Flügel eines Hospitals an, das ebenfalls vom Fürstbischof Clemens August von Bayern gestiftet worden war: das **Clemenshospital.** Der frühere Grundriss ist auf einer in den Boden eingelassenen Tafel vor der Clemenskirche dargestellt. Das Clemenshospital war die erste Einrichtung in Münster, in der kranke Menschen nicht nur gepflegt, sondern auch medizinisch betreut wurden.

1820 übernahmen die „Barmherzigen Schwestern von der allerseligsten Jungfrau und schmerzhaften Mutter Maria" das Hospital, die im Volksmund schon bald als **Clemensschwestern** bezeichnet wurden. Nach der berühmtesten Clemensschwester ist auch der Platz an der Clemenskirche benannt: **Maria Euthymia.** Im Zweiten Weltkrieg pflegte sie schwerkranke Kriegsgefangene und wurde 2001 selig gesprochen. Wenige Meter von der Clemenskirche entfernt befindet sich im Mutterhaus der Barmherzigen Schwestern eine sehr sehenswerte Gedenkstätte, die an Leben und Wirken Maria Euthymias erinnert (s. S. 73).

Im Zweiten Weltkrieg wurden Kirche und Hospital zerstört. Beim Bombenangriff am 10. Oktober 1943 verloren 50 Schwestern ihr Leben. Lediglich die Kirche wurde wieder aufgebaut. Das Clemenshospital fand später einen neuen Standort im Süden der Stadt.

Hinter der Kirche lädt heute ein **barock anmutender Garten** zur Ruhepause ein. Dieser Garten entstand erst 1989. Zurück auf der Salzstraße, gelangt man dann in Richtung **Stadtmuseum** (s. S. 76), das im ehemaligen Kaufhaus Rawe untergebracht ist. Von diesem ältesten Kaufhaus der Stadt ist nur die stark gegliederte Fassade erhalten.

› An der Clemenskirche

*Ein Kleinod in Münster: die barocke Clemenskirche*

037ms Abb.: cg

## ⑬ Alter Steinweg und Kiffe-Pavillon ★ [E3]

Den Platz vor dem Erdbrostenhof ⑪ nennt der Volksmund übrigens noch heute **„Heulende Kurve"**, denn als von 1901 bis 1954 in Münster die Straßenbahn verkehrte, wurde die Linie 1 hier in einer engen Kurve vom Alten Steinweg zur Salzstraße geführt. Wenn die Bahn diese Kurve durchfuhr, heulten die Räder laut. Auch die Kneipe zur „Heulenden Kurve" ist zwar längst verschwunden, doch am Kneipenschild des „Bunten Vogels" ist noch immer eine Straßenbahn zu sehen.

Während die heute so belebte Salzstraße lange Zeit nichts weiter als ein Feldweg war, handelte es sich beim Alten Steinweg ab dem 10. Jahrhundert um eine **wichtige Handelsstraße**, in der sich im 17. und 18. Jahrhundert viele Adlige ihre Winterresidenzen errichten ließen. Von der einstigen Pracht ist bis auf das Krameramtshaus ⑮ aber kaum etwas erhalten. Heute dominieren nüchterne Nachkriegsgebäude und ein modernes Parkhaus die Straße. Doch zwei Bauwerke – der Kiffe-Pavillon und die Stadtbücherei ⑭ – gehören zu dem Besten, was die moderne Nachkriegsarchitektur in Münster geschaffen hat.

Der **Kiffe-Pavillon**, errichtet in den Jahren 1953 bis 1955, ist einer der wenigen Bauten in Münster, die ganz der **sachlich-modernen Nachkriegsarchitektur** verpflichtet sind. Für das Autohaus Fritz Kiffe entwarf der Architekt **Hans Walter Rüschenschmidt** eine Ausstellungshalle, deren Trägerkonstruktion im Inneren verschwindet. Die durchgehende Fensterfront ist nur von zarten goldeloxierten Leichtmetallrahmen unterbrochen, die die Fenster halten. **Leichtigkeit** und **Transparenz** prägen das Gebäude.

Bis 1982 diente der Pavillon als Ausstellungshalle für Autos. Als die Halle darauf für andere Geschäfte genutzt wurde, wurde ein Zwischengeschoss eingezogen, das den leichten und transparenten Gesamteindruck deutlich schmälerte. 2009/2010 erfolgte eine umfangreiche Sanierung des Gebäudes, bei der wenigstens ein Teil des Zwischengeschosses zurückgebaut wurde. Seither ist auch wieder eine nächtliche Beleuchtung der Dachkonstruktion installiert, die jener Illumination nicht unähnlich ist, die schon in den 1950er-Jahren für Furore sorgte.

› Alter Steinweg 15/16

*Noch heute erinnert die Straßenbahn über dem Kneipenschild an die „Heulende Kurve"*

## 14 Stadtbücherei ★★★ [E3]

Gleich neben dem Kiffe-Pavillon 13 befindet sich die Stadtbücherei. Sie wurde von dem Architektenehepaar **Julia Bolles-Wilson** und **Peter Wilson** entworfen und rechtzeitig zum 1200-jährigen Jubiläum der Stadt 1993 fertiggestellt. Als hervorragendes Beispiel moderner Architektur überrascht der **postmoderne Bau** mit seinen beiden Baukörpern, die immer wieder neue Blickrichtungen und Raumbezüge ermöglichen. Der südliche Baukörper erinnert an ein Schiff – ein Symbol für die Reisen und die Abenteuer, die der Mensch beim Lesen eines Buches erleben kann. Die **Gasse** in der Mitte liegt genau in der Verlängerung des Kirchenschiffes der Lambertikirche 8 und gibt vom Bült und der Mauritzstraße den Blick auf den Kirchturm frei. Mit diesem Kunstgriff steht dem alten Stadtbild kein monolithischer Block gegenüber, sondern eine lockere Architektur, die Vergangenheit und Gegenwart miteinander verbindet. Am Ende der Gasse zwischen den Gebäudeteilen steht die acht Meter hohe Statue **„Überfrau"** des New Yorker Künstlers Tom Otterness.

Auch im **Inneren** des Gebäudes ergeben sich immer wieder neue Ein- und Ausblicke. Die Architektur gleicht damit sozusagen einem guten Buch, das sich erst nach und nach erschließen lässt. Weit mehr als 300.000 Bände können in der Stadtbücherei und ihren Filialen in den Stadtteilen ausgeliehen werden – unter anderem befindet sich hier auch eine hervorragende Sammlung von Literatur zur Stadt Münster und ihrer Geschichte.

› Alter Steinweg 11, www.muenster.de/stadt/buecherei, geöffnet: Mo–Fr 10–18, Sa 10–17 Uhr

*Mehr als 300.000 Bücher befinden sich in der modernen Stadtbücherei*

038ms Abb.: cg

## 15 Krameramtshaus ★★ [E3]

Neben der Stadtbücherei erinnert das Krameramtshaus am Alten Steinweg an die kaufmännischen Ursprünge der Stadtwerdung. Die **Kramer** waren Einzelhändler, die über das Alleinrecht zum Verkauf von Gewürzen, Seide, Honig, Nadeln, Spiegeln und vieler anderer Waren verfügten. Als einflussreiche und wohlhabende Gesellschaft beauftragten sie Ende des 16. Jahrhunderts einen unbekannten Baumeister, ein Repräsentations-, Versammlungs- und Lagerhaus zu schaffen. 1589 entstand ein **Meisterwerk der Renaissance** mit prachtvollem, von Fächerrädern gekröntem Staffelgiebel. Neben dem Haupteingang ist noch eine – heute zugemauerte – Öffnung zu erkennen, durch die früher Waren im Keller eingelagert werden konnten.

Während der jahrelangen Verhandlungen zum Westfälischen Frieden von 1648 wohnten die acht **Gesandten der niederländischen Generalstaaten** im Krameramtshaus. Nach einem schon 80(!) Jahre anhaltenden Krieg verhandelten die Niederländer mit Spanien über ihre Unabhängigkeit. Am 15. Mai 1648 wurde schließlich im Rathaus 5 der Frieden beschworen – es war die Geburtsstunde der modernen Niederlande. In Erinnerung daran zog 1995 das **Zentrum für Niederlande-Studien** in das Krameramtshaus ein. Seitdem wird das Gebäude in Münster **Haus der Niederlande** genannt.

Von 1909 bis zur Fertigstellung der benachbarten Stadtbücherei 14 im Jahr 1993 wurde das Gebäude übrigens als Bibliothek genutzt. Daran erinnert noch die Inschrift über der Seitentür: „HABENT SVA FATA LIBELLI" ist dort zu lesen – „Bücher haben ihre eigenen Schicksale".

Der ehemalige Sitzungssaal der Kaufleute wird heute als **Ausstellungsraum** des Kulturamts der Stadt Münster genutzt. Viele bekannte und weniger bekannte Künstler präsentieren hier der Öffentlichkeit ihre Werke.

› Alter Steinweg 6/7, Öffnungszeiten des Ausstellungsraumes: Mo, Mi–Fr 12–18, Sa, So 10–16 Uhr, Eintritt frei

039ms Abb.: cg

*Das Krameramtshaus mit seiner Renaissancefassade aus dem späten 16. Jahrhundert*

040ms Abb.: cg

# Südliche Altstadt

*Mit der Shoppingmall Münster Arkaden, einem Kaufhaus und zahlreichen kleinen und großen Einzelhandelsgeschäften ist die Ludgeristraße eine beliebte Einkaufsstraße der Stadt. Doch es lohnt auch ein Blick nach rechts und links, denn hier sind städtebauliche Überraschungen wie die Bebauung der Stubengasse und kleine Kunstwerke zu entdecken. An der Königsstraße schließlich befinden sich einige Überreste feudaler Adelshöfe und die bedeutende Kunstsammlung des Picasso-Museums.*

## 16 Münster Arkaden ★★ [E4]

Die Münster Arkaden sind das Wahrzeichen der Ludgeristraße. Auf 26.000 Quadratmetern erstreckt sich der Gebäudekomplex zwischen Ludgeristraße, Rothenburg und Königsstraße. Der schlichte Bau prägt das gesamte Areal. Beispielhaft gut ist es den Architekten Kleihues und Kleihues gelungen, den ehrwürdigen Druffelschen Hof, ein klassizistisches Adelspalais, in das 2006 errichtete Gebäude zu integrieren. Hier befindet sich heute das **Picasso-Museum** 20. Gleichwohl müssen sich die Münster Arkaden starke Kritik gefallen lassen: Viele Münsteraner empfinden das Gebäude als überdimensioniert. Geradezu zerstörerisch dränge es sich in das Stadtbild. Deshalb ließ Martha Rosler das wiederum ebenfalls heftig umstrittene Kunstwerk **„Unsettling the Fragments, Eagle“** („Erschütterung der Fragmente, Adler“, 2007) an der Ecke Rothenburg/Königsstraße vor den Arkaden aufstellen. Mit der Kopie eines Adlers, der eine im Nationalsozialis-

*Vor allem samstags herrscht auf der Ludgeristraße und in den Münster Arkaden dichtes Gedränge*

041ms Abb.: cg

mus errichtete Kaserne schmückte, will die Künstlerin darauf aufmerksam machen, dass diese Architektur an die Bauten Albert Speers erinnert. In den Arkaden befinden sich u. a. ein Buchladen, ein Elektrofachmarkt, ein Biosupermarkt, Modegeschäfte und Cafés.

› Ludgeristraße 100, geöffnet: Arkaden tgl. 9–21 Uhr, Geschäfte Mo–Sa 10–20 Uhr, www.arkadenmuenster.de

## 17 Stubengasse ★★★ [E4]

*Von der Ludgeristraße gelangt man durch kleine Seitenstraßen (Klarissengasse und Windthorststraße) schnell zur Stubengasse. Wo sich über Jahrzehnte ein großer, öder Parkplatz und ein Parkhaus befanden, entstand 2009 ein weiteres städtebauliches Highlight, das mehrfach mit Architekturpreisen ausgezeichnet wurde. Auch mit dieser Bebauung haben die Münsteraner nach anfänglicher Skepsis und unverhohlener Kritik ihren Frieden gemacht.*

Für die Neugestaltung der Stubengasse legten die Architekten Ernst Kasper und Matthias Fritzen einen mutigen Entwurf vor. Die Stubengasse ist zu einem Platz ausgeweitet, an der östlichen Seite befinden sich **zwei Gebäudekomplexe** mit aufgefächerter Fassade. Die **Fassaden** sind aus hellem Muschelkalk gestaltet und werden durch rote Ziegelsteine und grüne Glasverkleidungen weiter aufgelockert. Leider kann die lockere Architektur nicht verhindern, dass der geräumige Platz selbst etwas karg wirkt. Nur ein großer, uralter und als Naturdenkmal geschützer Baum spendet im Sommer Schatten.

Auf der westlichen Seite der Stubengasse hat das **ehemalige Parkhaus** eine grundlegende Wandlung erfahren. Wo einst Autos abgestellt wurden, befinden sich nun ein recht exquisites Möbelgeschäft und ein Fahrradparkhaus, in dem man sein Fahrzeug für einen kleinen Obolus sicher abstellen kann. Bemerkenswert

*Die Stubengasse wartet mit postmoderner Architektur auf*

ist die Gestaltung der Gebäudefront. Über der großen, hervorstehenden Fensterfront befinden sich die Balkone mehrerer Stadtwohnungen, die mit einem sieben Meter hohen, goldenen Vorhang verschlossen werden können, um die Bewohner vor Sonne und neugierigen Blicken zu schützen.

Das **Hanse-Carré** am südlichen Ende der Stubengasse ist schließlich ein gelungenes Beispiel für das Wechselspiel zwischen traditioneller Münsteraner Bauweise und moderner Architektur: Von unten erinnern die Giebel des Hauses an die traditionelle Architektur der alten Handelshäuser. Auf dem Dach verbergen sich hinter den Giebeln acht kleine Häuser mit Gärten. Leider ist die beinahe ländliche Idylle der Dachgärten nicht öffentlich zugänglich.

Am nahen Harsewinkelplatz im Süden der Stubengasse steht schließlich eines der witzigsten Kunstwerke, das eine der Skulpturenausstellungen in Münster hinterlassen hat: die **Kirschensäule** von Thomas Schütte aus dem Jahre 1987. Auf einer monumentalen Säule steht ein ebenso monumentales, knallrotes Kirschenpaar.

## 18 Ludgerikirche ★★ [D5]

*Am Ende der Ludgeristraße erhebt sich die mächtige Ludgerikirche. Die Ursprünge des Gotteshauses, das dem heiligen Liudger geweiht ist, gehen bereits auf das 12. Jahrhundert zurück. Damit gehört die Ludgerikirche zu den ältesten Sakralbauten Westfalens.*

*Am Ende der Ludgeristraße steht die Ludgerikirche*

042ms Abb.: cg

Die Kirche entstand in der heutigen Form im 15. Jahrhundert nach einem verheerenden Stadtbrand. In der Mitte erhebt sich der markante **Vierungsturm**. Die Westtürme wurden dem Gebäude erst 1875/76 im spätromanischen Stil hinzugefügt. An mehreren Stellen findet man den Münsteraner Stadtgründer in der ihm geweihten Kirche. Im Westportal ist ein Tympanon aus dem Jahre 1861 zu sehen, der den hl. Liudger umgeben von seiner Schwester, der heiligen Heriburg, und dem Sänger Bernlef zeigt. Der Legende nach gewann der erblindete Bernlef sein Augenlicht durch ein Wunder zurück, das der hl. Liudger vollbrachte. Auch am rechten Vierungspfeiler und im Hochchor befinden sich Statuen des Heiligen. Im Zelebrationsaltar ist schließlich ein Schrein mit Reliquien Liudgers eingelassen.

Auch diese Kirche wurde im Zweiten Weltkrieg zerstört. Das von Heinrich Bäumer geschaffene **Kreuz** im Westende des südlichen Seitenschiffes wurde schwer getroffen. Beide Arme gingen verloren, das Loch im Herzen von Jesus stammt von einem Bombensplitter. So wurde das Kreuz ein eindringliches Mahnmal. Die heutige Inschrift lautet: „Ich habe keine anderen Hände als die Euren."

## Edith Stein

Edith Stein wurde am 12. Oktober 1891 als Tochter jüdischer Eltern in Breslau geboren, praktizierte den jüdischen Glauben aber schon als Jugendliche nicht mehr. Sie studierte Philosophie in Breslau, Göttingen und Freiburg, promovierte bei dem Philosophen Edmund Husserl und arbeitete als seine Assistentin. Weil sie jedoch eine Frau war, wurde ihr die Habilitation trotz hervorragender wissenschaftlicher Leistungen verweigert.

1922 trat Edith Stein zum katholischen Glauben über und ließ sich taufen. Sie arbeitete in den 1920er-Jahren als Lehrerin – zunächst an der Mädchenschule St. Magdalena der Dominikanerinnen in Speyer. 1932 kam sie für 17 Monate nach Münster und lehrte als Dozentin am Deutschen Institut für wissenschaftliche Pädagogik.

Nach der Machtübernahme der Nationalsozialisten musste Edith Stein ihre Lehrtätigkeit aufgeben, weil die Leitung des Instituts sich dem Druck der Nationalsozialisten beugte und sie aus dem Lehrkörper ausschloss. Im nationalsozialistischen Deutschland bestand für die gebürtige Jüdin keine Möglichkeit mehr, ihre Lehrtätigkeit fortzusetzen. Stein verwirklichte nun einen Wunsch, den sie schon länger hegte: Sie trat dem Kölner Karmeliterorden bei und nahm 1934 den Ordensnamen Schwester Teresia Benedicta a Cruce an. Nach der Reichspogromnacht am 9. November 1938 floh sie in die Niederlande. Hier wurde Edith Stein am 2. August 1942 von der Gestapo verhaftet und in das Vernichtungslager Auschwitz deportiert, wo sie am 9. August 1942 in der Gaskammer ermordet wurde.

Am 1. Mai 1987 wurde Edith Stein von Papst Johannes Paul II. während seines Deutschlandbesuchs in Köln seliggesprochen. Am 11. Oktober 1998 folgte die Heiligsprechung in Rom. 1999 wurde Edith Stein zur Mitpatronin Europas erklärt.

043ms Abb.: cg

Unter dem Kreuz sind **Gedenktafeln** für Edith Stein (s. S. 42) und Niels Stensen (1638–1686) angebracht, gegenüber dem Kreuz erinnert ein Bild an diese beiden Heiligen. Niels Stensen war Naturwissenschaftler und Weihbischof von Münster. Er wird bis heute für seine Lauterkeit, sein asketisches Leben und sein vorbildliches Wirken als Priester verehrt.

Am Marienplatz neben der Kirche steht eine **Mariensäule**, die manchem Betrachter bekannt vorkommt. Tatsächlich ist sie der Mariendarstellung vor dem Münchener Rathaus nachempfunden. Ebenfalls auf dem Marienplatz installierte der Künstler Huang Yong Ping anlässlich der Skulpturenausstellung 1997 die moderne Skulptur **„100 Arme der Guanyin“**, die sowohl Bezug auf die buddhistische Religion als auch auf das im Krieg beschädigte Kreuz in der Ludgerikirche nimmt.

› Ludgeristraße 27

## 19 Rund um die Königsstraße ★ [D5]

In der Königsstraße westlich der Ludgeristraße erhält der Besucher Einblick in die Zeit, in der die Adligen des Münsterlandes im Winter in der Stadt in ihren prachtvollen Adelshöfen Quartier nahmen. Leider sind von den zehn Adelshöfen, die einst die Straße säumten, heute nur noch wenige erhalten. Der barocke **Oer'sche Hof** (Königsstraße 42), der 1748 nach Plänen von Johann Conrad Schlaun errichtet wurde, ist besonders schön.

Wenige Meter weiter befindet sich der **Beverfoerder Hof** (Königsstraße 46), von dem jedoch nur ein Seitenflügel erhalten ist. Dennoch kann man noch immer nachvollziehen, welche Pracht sich hier einst entfaltete. Das Gebäude wurde um 1700 vom

*Der Heereman'sche Hof in der Königsstraße*

045ms Abb.: cg

Architekten Gottfried Laurenz Pictorius geplant, der wenige Jahre später durch den Bau des Schlosses Nordkirchen 43 berühmt wurde, das heute als „Westfälisches Versailles" gilt. Der älteste Adelshof mit einer von Hermann tom Ring im Jahr 1546 entworfenen Renaissancefassade ist gleich nebenan zu finden: der **Heereman'sche** Hof (Königsstraße 47), der heute als Sitz des Oberverwaltungsgerichts dient.

Der **Ketteler'sche Hof** überstand den Zweiten Weltkrieg leider nicht. An seiner Stelle wurde in zeitgenössischer Architektur die Formensprache der Adelshöfe aufgenommen. Gegenüber befindet sich schließlich der **Druffel'sche Hof.** Der klassizistische Adelspalast (erbaut 1784–1788) wurde in den Neubau der Münster Arkaden integriert und ist Sitz des **Picasso-Museums** 20.

Am Adolph-Kolping-Platz gelangt man zwischen dem Heereman'schen Hof und dem Neubau des Ketteler'schen Hofes nach wenigen Schritten zur versteckten **Aegidiikirche,** einem weiteren Meisterwerk von Johann Conrad Schlaun. Die schöne Schlichtheit der Kirche entspricht dabei ihrer ursprünglichen Funktion, die als Klosterkirche für die Kapuziner errichtet wurde. Die Wandmalereien im Inneren schufen Eduard von Steinle und seine Schüler im Jahr 1857. Geprägt sind die Malereien vom Stil der Nazarener, die in ihrer Kunst eine Rückkehr zur urchristlichen Frömmigkeit propagierten.

Gegenüber der Kirche befinden sich in einem nüchternen Nachkriegsbau weitere Teile des **Oberverwaltungsgerichts** und das **Verfassungsgericht** des Landes Nordrhein-Westfalen. Die zehn Springbrunnen auf dem Platz stehen für die zehn Senate, die das Verwaltungsgericht hatte, als der Platz 1965 angelegt wurde.

Kurz hinter dem Picassoplatz mündet die Königsstraße in die Straße Rothenburg. An dieser Stelle erhebt sich stolz ein **Patrizierhaus** aus dem Jahre 1583 mit einer beeindruckenden Renaissancefassade. Nach Osten führt der Weg zurück zum Prinzipalmarkt 4, nach Westen gelangt man zum Aegidiimarkt. Unterwegs dorthin führt der Weg am **Geburtshaus** des Zoologen und Zoogründers **Professor Landois** vorbei (Rothenburg 33, s. S. 61). Besonders sehenswert ist die **Weltzeituhr** am Haus Rothenburg 12/13, die der Uhrmacher Wilhelm Nonhoff 1950/1951 schuf. Zum Glockenspiel erscheinen als Figuren die Münsteraner „Originale": der Zoogründer Landois, der Kupferschmied Franz Essink und der Baron Romberg, der vor allem als „Toller Bomberg" bekannt wurde. (s. S. 52).

*St. Aegidii ist die ehemalige Klosterkirche der Kapuziner*

Der mit rötlichen Kacheln verkleidete Gebäudekomplex **Aegidiimarkt** [D4] wurde 1979 eröffnet. Er umschließt einen geräumigen Innenhof und beherbergt zahlreiche Geschäfte, Restaurants und die Volkshochschule. Als der Aegidiimarkt geplant und gebaut wurde, herrschte der Kalte Krieg und so verwundert es nicht, dass sich unter der dortigen Tiefgarage in 18 Meter Tiefe Münsters größter ABC-Luftschutzbunker befindet, der im Notfall für 3000 Menschen ausgelegt ist. Die Litfasssäulen vor dem Gebäude kaschieren die Belüftungsanlagen für Parkhaus und Bunker.

› Die Aegidiikirche ist nur während der Gottesdienstzeit (So 9.30–12 Uhr) geöffnet.

## 20 Kunstmuseum Pablo Picasso ★★★ [D4]

*Das Kunstmuseum Pablo Picasso ist dem namensgebenden spanischen Künstler und seinen Weggefährten und Zeitgenossen gewidmet. Über 800 Grafiken Picassos – u. a. das fast vollständige lithografische Werk des Künstlers –, Werke von Georges Braque, Malerbücher u. a. von Braque, Marc Chagall, Henri Matisse, Joan Miró und Picasso sowie über 100 Grafiken von Chagall gehören zu den Highlights der Sammlung.*

In wechselnden Ausstellungen, die durch geschickte Zusammenstellungen neue Einblicke in die Kunstgeschichte gewähren, werden verschiedene Aspekte der Kunst des 20. Jahrhunderts thematisiert. Neben den Ausstellungen ist auch das Gebäude selbst beachtenswert. Behutsam wurde der **Druffel'sche Hof**, einer der schönsten klassizistischen Bauten in Münster, in die postmodernen Münster Arkaden integriert. Besonders lohnenswert ist der Blick aus den höheren Stockwerken auf den **Picassoplatz** vor dem Museum. Im Mosaik ergeben die Pflastersteine des Platzes das Konterfei des Künstlers.

› Picassoplatz 1, www.kunstmuseum-picasso-muenster.de, Tel. 4144710, geöffnet: Di–So, Feiertage 10–18 Uhr, Eintritt: 10 €, erm. 8 €

*Das Picasso-Museum residiert im Druffel'schen Hof*

047ms Abb.: cg

# Westliche Altstadt

*Die Entwicklung der Stadt Münster beschränkte sich bereits im 11. Jahrhundert nicht mehr auf die Umgebung des Doms* 1 *und der Lambertikirche* 8*. Auch im Westen schritt die Stadtwerdung schnell voran. An der Stelle der heutigen Überwasserkirche wurde im Jahr 1040 ein freiweltliches Damenstift gegründet und schon bald entstand um das Stift eine Marktsiedlung. Hier fand der Viehmarkt statt – bis heute wird das Viertel Kuhviertel genannt. Heute ist die westliche Altstadt rund um die Überwasserkirche geprägt von einer Mischung aus gewachsenen Strukturen, moderner Architektur, Einzelhandelsgeschäften, Galerien und Kneipen.*

## 21 Liebfrauen-Überwasserkirche und Diözesanbibliothek ★★★ [D3]

*Nicht weit vom Dom entfernt bildet die Liebfrauen-Überwasserkirche mit ihrem markanten Turm den zentralen Punkt der westlichen Altstadt. Den Namen verdankt das Gotteshaus der Aa, dem kleinen Fluss, der sich durch das Stadtgebiet schlängelt. Vom Dom aus betrachtet liegt die Kirche „trans aqua", wie es in den alten, lateinischen Quellen heißt, zu Deutsch: „jenseits" oder auch „über dem Wasser".*

⌃ *Die Gasse namens „Spiegelturm" führt zur Überwasserkirche*

Die Liebfrauen-Überwasserkirche wurde im Jahr 1040 mit einer pompösen Feier eingeweiht – zahlreiche Bischöfe, Reichsfürsten und sogar König Heinrich III. nahmen an der Zeremonie teil. Das Gotteshaus war das geistige Zentrum des zeitgleich gegründeten **freiweltlichen Damenstifts**, das als Bildungs- und Versorgungsstätte für unverheiratete, aristokratische Frauen diente. Besonders klösterlich ging es im Stift jedoch nicht zu. Mehrfach wurde versucht, den Stiftsjungfern strengere, klösterliche Regeln aufzuerlegen, doch erst 1617 wurde das Stift in einen **Benediktinerinnenkonvent** umgewandelt. Am Ende des 18. Jahrhunderts gab es nur noch vier Stiftsdamen, das Stift wurde deshalb 1773 aufgelöst und die verbleibenden Damen abgefunden. Das große Vermögen, das sich im Laufe der Jahrhunderte angesammelt hatte, wurde zum Aufbau der Universität verwendet.

Die heutige **dreischiffige gotische Hallenkirche** stammt aus der zweiten Hälfte des 14. Jahrhunderts, der Turmbau begann 1363 und zog sich vermutlich bis ins 15. Jahrhundert hin. Schon von Weitem ist zu erkennen, **dass dem Turm die Spitze fehlt.** Sie wurde 1534 von den Täufern (s. S. 29) herabgestürzt, um auf dem Turm **Kanonen** aufzustellen, die die Stadt gegen die bischöfliche Belagerung verteidigen sollten. Zwar erneuerte man die Kirchturmspitze nach der Zerschlagung des Täuferreiches, doch 1704 riss ein Orkan die neue Spitze herunter. Man nahm schließlich an, es sei Gottes Wille, diese Kirche ohne Turmspitze zu belassen. Indes hatte sich die Stationierung von Kanonen auf der Kirchturmspitze als überaus nützlich erwiesen, sodass diese auch dort blieben, als die Täuferherrschaft längst niedergeschlagen war. Noch im 17. Jahrhundert wurde vom Kirchturm gegen die bischöflichen Belagerungstruppen von Christoph Bernhard von Galen (s. S. 106) geschossen.

Ebenfalls auffällig ist, dass im Westportal einige Sandsteinfiguren fehlen. Auch das erinnert an das Täuferreich von Münster. Denn die ursprünglichen gotischen Figuren wur-

## Masematte

Als noch die Handwerker, Tagelöhner und Lumpenhändler im Kuhviertel nahe der Überwasserkirche 21 wohnten, bildete sich hier und in anderen ärmeren Vierteln der Stadt ein **eigener Dialekt** heraus: Der Begriff Masematte lehnt sich an das Jiddische „masso umattan“ (Handel, Verhandlungen) an. Die **Masematte-Sprache** verbindet jiddische Elemente mit der Gaunersprache Rotwelsch und der Sprache der Roma und Sinti. Viele Begriffe, die die Münsteraner heute alltäglich im Munde führen, stammen aus der Masematte-Sprache. Hier einige Beispiele:

- *Beis* = Haus
- *beribbeln, beschucken* = bezahlen
- *jovel* = gut
- *Kaline* = Mädchen
- *Kawensmänner* = große Männer, Riesenkerle
- *Killemaro* = Butterbrot
- *kneistern* = schauen
- *Koten* = Kind
- *Leeze* = Fahrrad
- *Lowine* = Bier
- *Patte* = Geldbörse
- *plümpsen* = schwimmen
- *schmusen* = erzählen
- *schovel* = schlecht, mies, gemein
- *Seeger* = Mann

den von den Täufern aus dem Portal herausgerissen. Der religiös begründete **Bildersturm**, dem weitere sakrale Kunstwerke in Münster zum Opfer fielen, diente einem sehr praktischen Zweck. Mit dem so gewonnenen Steinmaterial wurden die Befestigungsanlagen der Stadt an der heutigen Promenade verstärkt. Erst 1898 wurden die Figuren bei Ausgrabungen von Max Geisberg wieder entdeckt – heute befinden sie sich im LWL-Museum für Kunst und Kultur ❸. Zweimal wurden für das Portal neue Figuren geschaffen: Doch nur die vier, die heute im Portal zu sehen sind, überstanden den Zweiten Weltkrieg. Die leeren Nischen und ihre wechselvolle Geschichte sind zu einem Mahnmal gegen Gewaltherrschaft und Krieg geworden.

2005 wurde neben der Überwasserkirche die **Diözesanbibliothek** errichtet. Der klare Bau setzt sich mit einer eindrucksvoll schlichten Fassade aus Sandsteinquadern, die durch regelmäßige Fensterreihen streng gegliedert wird, von der Umgebung ab. Der Architekt Max Dudler widersetzte sich bewusst „jeder modischen Verspieltheit“, um einen „Ort des Buches von Schönheit und Dauer“ zu schaffen. Die Architektenkammer NRW zeichnete das Gebäude als vorbildliches Bauwerk aus. Der modern und sachlich in hellem Holz gestaltete Lesesaal nimmt die äußere Gestaltung des Gebäudes auf. Mit einem Bestand von mehr als 700.000 Büchern ist die Bibliothek eine der größten Spezialbibliotheken in Deutschland, wobei nicht nur theologische Schriften zur Sammlung gehören.

› **Liebfrauen-Überwasserkirche,** Überwasserkirchplatz 4, geöffnet: tgl. ab 9 Uhr, Öffnungszeit der **Diözesanbibliothek:** Mo–Fr 9–18 Uhr

049ms Abb.: cg

## ㉒ Observantenkirche ★ [D2]

Nördlich der Überwasserkirche erhebt sich die kleine Observantenkirche, die 1698 als Klosterkirche für den Orden der Franziskaner-Observanten errichtet wurde. Die **Saalkirche aus Backstein** mit der Sandsteinfassade an der Südseite wirkt vor allem durch ihre Schlichtheit. 1811 wurde der Observantenkonvent säkularisiert und die barocke Ausstattung der Kirche versteigert. Bis zum Ersten Weltkrieg wurde die Kirche als Pferdestall und Kaserne der preußischen Armee genutzt. Nach dem Ersten Weltkrieg lagerte das städtische Theater hier seine Kulissen. Erst nach der Kriegszerstörung im Zweiten Weltkrieg und dem Wiederaufbau wurde die Kirche 1961 als evangelische Universitätskirche wieder ein sakraler Raum.

› Schlaunstraße 3

*Nach der Säkularisierung diente die Observantenkirche u. a. als Pferdestall*

# Die Universität im Herzen der Stadt

*Hinter dem Fürstenberghaus am Domplatz erstreckt sich über die idyllische Niederung der Aa hinaus das innerstädtische Zentrum der Universität. Während die Naturwissenschaftler längst andere Quartiere außerhalb der Altstadt gefunden haben, befinden sich die Philosophische Fakultät, die Theologische Fakultät sowie die Rechts- und Wirtschaftswissenschaften noch immer im Herzen der Stadt.*

Heute ist Münster **eine der größten Universitätsstädte Deutschlands**, doch die Geschichte der Universität verlief nicht ohne Brüche. Bereits 1631 hatten Papst Urban VIII. und Kaiser Ferdinand II. der Stadt die Gründungsprivilegien erteilt, doch der **Dreißigjährige Krieg** verhinderte, dass die Universität tatsächlich gegründet wurde. Erst 1773 unternahm der bischöfliche Minister **Franz Freiherr von Fürstenberg** einen neuen Versuch. Ausgestattet mit dem Vermögen des aufgelösten Überwasserstifts und des Jesuitenkollegs konnte 1780 der Universitätsbetrieb in den Fakultäten Theologie, Philosophie, Rechtswissenschaft und Medizin aufgenommen werden. Nachdem die **Preußen** 1815 die Macht in Westfalen und im Rheinland übernommen hatten, wurde die Münsteraner Hochschule zugunsten der neu gegründeten Universität Bonn zu einer akademischen Lehranstalt herabgestuft, an der fortan nur theologische und philosophische Inhalte unterrichtet wurden. Erst 1902 wurde die Juristische Fakultät neu gegründet und die Lehranstalt durch kaiserlichen Beschluss erneut in den Rang einer Universität erhoben. Als der deutsche **Kaiser Wilhelm II.** 1907 Münster besuchte, erhielt die Universität schließlich den Namen „Westfälische Wilhelms-Universität".

Nach und nach wurde die Universität zu einer modernen Hochschule. 1908 durften sich erstmals Frauen zum Studium einschreiben, 1914 wurde die Evangelisch-Theologische Fakultät gegründet, 1925 folgte die Medizinische Fakultät. Nach dem Zweiten Weltkrieg nahmen die Studentenzahlen deutlich zu. Heute gliedert sich die Universität in **15 Fachbereiche**, in denen über 45.000 Studierende eingeschrieben sind. 2023 wurde nach jahrelanger Diskussion der Bezug auf Kaiser Wilhelm II. aus dem Namen gestrichen und die Uni wurde offiziell in **Universität Münster** umbenannt.

## 23 Fürstenberghaus und Archäologisches Museum ★ [D4]

Das 1958 errichtete Fürstenberghaus am Domplatz ist das Hauptgebäude der **Philosophischen Fakultät** der Universität Münster. Benannt ist es nach Franz Freiherr von Fürstenberg, der 1773 als bischöflicher Minister die Universität ins Leben rief. Umgeben von den Fahrrädern der Studenten steht auf dem kleinen Platz vor dem Gebäude eine Statue des Universitätsgründers.

In den 1960er-Jahren befand sich im Fürstenberghaus der Hörsaal 1, in dem am 28. Juni 1963 ein neuer Theologieprofessor für Dogmatik und Dogmengeschichte seine Antrittsvorlesung hielt: **Joseph Ratzinger**, der spätere **Papst Benedikt XVI.** Er lehrte bis 1966 in Münster.

Auch das **Archäologische Museum der Universität** ist hier untergebracht. Es präsentiert Kunst und Kunsthandwerk antiker Kulturen ab dem 4. Jahrtausend v. Chr. und versteht sich als forschende Bildungseinrichtung der Universität: Hier werden die neusten Erkenntnisse archäologischer Forschung einer breiten Öffentlichkeit zugänglich gemacht.

› **Archäologisches Museum der Universität Münster,** Domplatz 20–22, Tel. 8325412, www.uni-muenster.de/ArchaeologischesMuseum, geöffnet: Di–So 10–18, jeden 2. Freitag im Monat bis 24 Uhr, Eintritt frei

KURZ & KNAPP

### Die „älteste Schule Deutschlands“

Während das **Gymnasium Paulinum** in Münster mit ziemlicher Sicherheit im Jahr 797 gegründet wurde, ist bis heute nicht eindeutig geklärt, ob das **Carolinum** in Osnabrück früher oder später entstand. Lange Zeit beanspruchten sowohl das Carolinum als auch das Paulinum den Titel „älteste Schule Deutschlands“. Seit 2001 wird der Streit sportlich ausgetragen: Die **Fußballmannschaften** der beiden Schulen treten gegeneinander an und die Schule, die gewinnt, darf sich ein Jahr lang „älteste Schule Deutschlands“ nennen.

## 24 Petrikirche ★★ [D4]

Durch die Jesuitengasse gelangt man vom Fürstenberghaus 23 am Domplatz zur Aa, in deren Niederungen sich weitere wichtige Gebäude der Münsteraner Universität befinden. Schön im Grünen und an der Aa stößt der Besucher zwischen den Universitätsgebäuden auf die kleine **Petrikirche.** Sie war die Kirche eines Kollegs, das die Jesuiten errichteten, die 1588 nach Münster kamen. Im Zuge der Gegenreformation sollten die **Jesuiten** zum Wiedererstarken des katholischen Glaubens beitragen und ein geordnetes, katholisches Kirchenleben schaffen. Deshalb kümmerten sie sich nicht nur um die Seelsorge, sondern übernahmen auch die bereits um 797 gegründete Domschule, die als **Gymnasium Paulinum** fortgeführt wurde. Zunächst wurde das Kolleg mit Schulgebäude errichtet, dann wurde 1598 die dazugehörige Petrikirche vollendet. Das heute nicht mehr erhaltene Gebäude des Jesuitenkollegs befand sich im Norden der Kirche, wes-

050ms Abb.: cg

halb die **Nordseite** des Gotteshauses am prächtigsten ausgestaltet ist. Das kunstvolle **Renaissanceportal** an dieser Seite bildet eine antike Tempelnische nach. Vor dem Portal befindet sich die Skulptur **„Dolomit zugeschnitten“** von Ulrich Rückriem aus dem Jahre 1976. Im Inneren der kleinen Kirche herrscht eine beinahe intime Atmosphäre. Bemerkenswert ist die Empore über den niedrigen Kreuzgewölben der Seitenschiffe.

1773 wurde das Jesuitenkolleg aufgelöst und in die zeitgleich neu gegründete Universität überführt. Bis heute dient die Kirche als Schulkirche des Paulinum-Gymnasiums, das nach dem Zweiten Weltkrieg eine neue Bleibe am Stadtgraben nahe der Promenade gefunden hat. Zudem wird die Kirche von der Katholischen Studierenden- und Hochschulgemeinde Münster (KSHG) genutzt. Auch für Hochzeiten ist die Petrikirche ein beliebter Ort.

› Johannisstraße 5

## 25 Juridicum ★ [C4]

Auf der westlichen Seite der Aa wurde das Juridicum errichtet, das die **juristische Fakultät** und die **Wirtschaftswissenschaftler** der Universität beherbergt. Die Flügel des Komplexes sind quadratisch angelegt und umgeben einen großen Innenhof. Das Gebäude macht einen **wehrhaften Eindruck,** nur die großen Fenster lockern den Gesamteindruck auf. Unweigerlich lässt das 1952 bis 1955 errichtete Haus an NS-Architektur denken, was nicht zuletzt auf die Biografie des Architekten **Hans Malwitz** zurückgeführt werden kann. Vor 1945 war Malwitz Referent in der Bauabteilung des Reichsfinanzministeriums. Nach dem Zweiten Weltkrieg leitete Malwitz das Staatsneubauamt für Universitätsbauten in Münster und zeichnete somit auch für den Neubau des Fürstenberghauses und die Restaurierung des Schlosses verantwortlich.

› Universitätsstraße 10–16

*Im Zuge der Gegenreformation kamen 1588 die Jesuiten nach Münster und errichteten u.a. die Petrikirche*

## 26 Universitäts- und Landesbibliothek ★ [C3]

Neben dem Juridicum führt eine Freitreppe zur Universitäts- und Landesbibliothek mit ihrem Bestand von rund 2,5 Millionen Büchern. Der ältere Gebäudeteil aus dem Jahr 1973 wirkt nüchtern, zweckmäßig und fast langweilig und würde den Weg gewiss nicht lohnen. Die **Erweiterung** aus den Jahren 2007 bis 2009 aber setzt einen sehenswerten architektonischen Akzent. Besonders bemerkenswert ist die Leuchtschrift, die über der Ecke am Eingang angebracht ist: **„Gehorche keinem“** steht dort in großen, roten Lettern zu lesen. Als der Künstler Babak Saed diesen Schriftzug 2009 installierte, brach eine Welle der Empörung los. Während der Initiator mit diesem Imperativ die Studenten zum selbstständigen Denken auffordern wollte, sahen andere darin einen Aufruf zur Anarchie. Vor allem die benachbarten Theologen störten sich an der Blasphemie. Nur die Germanisten sahen es gelassen – es sei schlicht falsches Deutsch, hieß es. Es müsse heißen: „Gehorche niemandem“.

› Krummer Timpen 3, geöffnet: Mo–Fr 8–22, Sa, So 10–20 Uhr

# Nördliche Altstadt

## 27 Theater Münster ★★ [E3]

An der Neubrückenstraße befindet sich das „Theater Münster" – das **Stadttheater.** Das **Große Haus** des Theaters mit 955 Sitzplätzen wurde 1956 fertiggestellt. Dem Architektenteam Harald Deilmann, Max-Clemens von Hausen, Ortwin Rave und Werner Ruhnau ist dabei ein „architektonischer Donnerschlag" gelungen. Denn der erste deutsche Theaterneubau nach dem Zweiten Weltkrieg ist von einer **funktionalen Formensprache** geprägt, die sich gänzlich von der Vorkriegsarchitektur absetzt.

Das Gebäude wurde diagonal auf das Grundstück gesetzt. Über dem niedrigen Foyer erhebt sich das klare, lichtdurchflutete **Treppenhaus,** das den Zuschauerraum umgibt. Darüber ragt der **Bühnenturm** hinaus. Die Treppe am Theatercafé führt hinauf zu einem kleinen **Hof.** Hier ist die alte Gartenfassade des Romberger Hofs integriert, der ab dem Ende des 19. Jahrhunderts als Theater diente. Alt und neu gehen eine beeindruckende Symbiose ein.

Die Fassade des Romberger Hofs gehörte einst zum Adelspalais von **Gisbert Freiherr von Romberg,** der zu den Münsteraner Originalen des 19. Jahrhunderts zählt und in Münster gemeinhin als **„Toller Bomberg"** bekannt ist. Einige Episoden aus seinem bunten Treiben hat der Maler Fritz Grotemeyer in einem Bilderzyklus festgehalten, die heute in der Gaststätte Großer Kiepenkerl (s. S. 80) zu sehen sind. Der Schriftsteller Josef Winckler setzte dem „Tollen Bomberg" im gleichna-

051ms Abb.: cg

Mein Tipp

### Kiepenkerl-Denkmal

Im Norden des Domhügels liegt das **Kiepenkerl-Viertel** mit seinen vielen Gaststätten. Benannt ist das Viertel nach dem Kiepenkerl-Denkmal auf dem kleinen Platz zwischen Spiekerhof und Bergstraße, der im Süden vom Spiekerhof und im Osten von der Bergstraße begrenzt wird. Die **Kiepenkerle** betrieben einst mit einem Korb auf dem Rücken, der sogenannten Kiepe, Handel zwischen Stadt und Umland. Den Bauern auf dem Land brachten sie die Waren und Produkte der Handwerker aus der Stadt, die Stadtbewohner wiederum versorgten sie im Gegenzug mit Lebensmitteln. Manche Nachricht wurde durch die Kiepenkerle verbreitet und auch manche Hochzeit sollen sie eingefädelt haben. Heute sind die Kiepenkerle zum Symbol längst vergangener westfälischer Idylle geworden.

★2 [D3] **Kiepenkerl-Denkmal,** zwischen Spiekerhof und Bergstraße

migen Roman ein literarisches Denkmal und 1957 spielte Hans Albers in der Verfilmung die Titelfigur.

Erweitert wurden die Spielmöglichkeiten des Theaters durch das 1971 in Sichtbetonweise fertiggestellte **Kleine Haus.** Da eine variable Gestaltung von Bühne und Zuschauerraum möglich ist, können sich die Theatermacher von der frontalen Guckkastenbühne lösen und experimentelle Formen des Theaters ausprobieren.

› Neubrückenstraße 63, Tel. 5909100, www.theater-muenster.com, Kassenzeiten: Mo–Fr 10–18, Sa 10–14 Uhr, Abendkasse eine Stunde vor Beginn der Vorstellung

## 28 Apostelkirche ★ [E3]

Gegenüber dem Theater befindet sich umgeben von alten Bäumen die Apostelkirche. Sie wurde von 1261 bis 1271 als **Klosterkirche** für die Franziskaner-Minoriten errichtet und war anfangs der heiligen Katharina von Alexandrien geweiht. Im 16. und 17. Jahrhundert wurde das Gebäude erweitert und umgestaltet.

Große Bedeutung kam der Kirche während der Verhandlungen zum **Westfälischen Frieden** (s. S. 25) zu, denn hier nahm der päpstliche Gesandte Fabio Chigi mit seiner Delegation Quartier. Chigi vertrat in den Friedensverhandlungen die Stellung des Papstes und vermittelte zwischen den Kriegsparteien.

Nach Auflösung des Franziskanerklosters zu Beginn des 19. Jahrhunderts wurde die Kirche zunächst zur Kaserne, dann zur Garnisonskirche. **Karl Friedrich Schinkel,** der vor allem in Berlin und Potsdam bleibenden Ruhm als berühmtester Architekt des 19. Jahrhunderts erlangte, war maßgeblich an der Umgestaltung der nunmehr evangelischen Kirche der preußischen Militärgemeinde beteiligt. Heute ist das Gotteshaus die **evangelische Hauptkirche** der Stadt.

› Neubrückenstraße 5

KURZ & KNAPP

### Martin Niemöller

Der Theologe und Widerstandskämpfer Martin Niemöller (1892–1984) studierte in den 1920er-Jahren evangelische Theologie in Münster und absolvierte an der Apostelkirche 28 sein Vikariat, bevor er 1924 ordiniert wurde. Weitere sechs Jahre wirkte Niemöller in Münster als Geschäftsführer der Inneren Mission und Mitglied der Stadtverordnetenversammlung. 1931 wurde er zum Pfarrer der Evangelischen Kirchengemeinde Berlin-Dahlem berufen, wo er sich bald dem Pfarrernotbund und der Bekennenden Kirche anschloss. Von 1937 bis zum Ende des Zweiten Weltkriegs war er in den Konzentrationslagern der Nationalsozialisten interniert. Nach dem Krieg wirkte er beim Aufbau der evangelischen Kirche in Deutschland mit.

Nördlich des Theaters 27 findet man die **Martinikirche** [E3], eines der ältesten Kirchengebäude der Stadt. Der Grundstock wurde bereits Ende des 12. Jahrhunderts gelegt. Heute dient sie als Effata-Jugendkirche. Hier finden moderne, jugendgerechte Gottesdienste statt – inklusive lauter Rockmusik und bunter Lichtshow.

› Neubrückenstraße 60

*‹ Das Theater in Münster war der erste Theaterbau in Deutschland, der nach dem Zweiten Weltkrieg fertiggestellt wurde*

# Promenade und Aasee

## 29 Promenade ★★★ [E5]

*Die Promenade ist einer der schönsten Orte der Stadt. Die autofreie Lindenallee führt auf 4,5 Kilometer Länge einmal um die Altstadt. Für die Fahrradfahrer ist die Promenade eine der wichtigsten Straßen, denn von hier können alle Orte schnell erreicht werden. Mit Schloss und Zwinger, Serviatiiplatz und Engelenschanze führt die Promenade zugleich zu vielen Sehenswürdigkeiten aus der Stadtgeschichte. Und nicht zuletzt finden auch Fußgänger hier Erholung und Ruhe im Grünen.*

Die Promenade folgt dem Verlauf der ehemaligen Befestigungsanlage, die die Stadt vor feindlichen Angriffen schützen sollte. Es war ein mächtiges Bollwerk – jahrhundertelang galt die Stadt als uneinnehmbar. „So fast äs Mönster", sagte der Volksmund, wenn etwas besonders stabil und widerstandsfähig war. Im **Siebenjährigen Krieg** von 1756 bis 1763 zeigte sich jedoch, dass auch diese Verteidigungsanlage nicht den modernen Kriegstechniken standhalten konnte – gleich mehrfach wurde die Stadt während dieses Krieges belagert und besetzt. Die Befestigung der Stadt bot keinen Schutz mehr und hatte damit ihre Funktion verloren. Franz Freiherr von Fürstenberg, der als Minister den Fürstbischof Maximilian Friedrich von Königsegg-Rothenfels in Münster vertrat, ließ die Befestigungsanlagen schleifen und an ihrer Stelle die **Lindenallee** anlegen. Während andere Städte nach dem Zweiten Weltkrieg an der Stelle der ehemaligen Befestigungsanlagen teils mehrspurige Autostraßen bauten, entschieden die Münsteraner nach 1945, die Promenade zu erhalten. So legt sich heute ein langer **Grüngürtel** um die Stadt, der mit einigen historischen **Denkmälern** und modernen **Kunstwerken** aufwartet.

Besonders stimmungsvoll geht es auf der Promenande an zwei Wochenenden im Mai und Juni zu. Bei der sogenannten **Grünflächenunterhaltung** (s. S. 97) sorgen Bands und Chöre entlang der Promenade für Kurzweil.

052ms Abb.: cg

◁ *Die Promenade führt als grüne Lindenallee rund um die Altstadt*

▷ *Das Schloss dient heute als Sitz der Universität*

053ms Abb.: cg

## 30 Schloss und Schlossgarten ★★★ [B3]

*An der Stelle einer ehemaligen Zitadelle, die Christoph Bernhard von Galen im 17. Jahrhundert errichtet hatte, wurde rund hundert Jahre später das Münsteraner Stadtschloss gebaut. Es ist ein spätes Meisterwerk des Architekten Johann Conrad Schlaun und hätte den Fürstbischöfen eine repräsentative Unterkunft geboten, wenn es nicht erst am Ende des 18. Jahrhunderts fertiggestellt worden wäre – zu spät, um seine eigentliche Funktion erfüllen zu können: Wenige Jahre nach Abschluss der Bauarbeiten wurden die Fürstbischöfe als weltliche Machthaber abgesetzt.*

Das Schloss ist eine barocke Dreiflügelanlage mit lang gestrecktem Haupttrakt. Die **Fassade** wird durch den Wechsel von Sand- und Backstein gegliedert und durch den gewölbten Mittelrisalit beherrscht, den eine Laterne mit Fortuna als Wetterfahne krönt. Das **Skulpturenprogramm** thematisiert **Werden und Vergehen:** Am Mittelrisalit sind ein Greis und ein Knabe zu sehen, an den Konsolen werden die Monate, am Mittelrisalit die vier Jahreszeiten in Allegorien dargestellt.

Auf diese prachtvolle Anlage hatten die Münsteraner lange warten müssen. Jahrhundertelang residier-

MEIN TIPP

### „Sketch for a Fountain" – der Eisenman-Brunnen

Radfahrer und Spaziergänger, die vom Schloss die Promenade im Uhrzeigersinn umrunden, treffen schon bald auf die Kreuzschanze – die Struktur der alten Verteidigungsanlage ist noch immer gut zu erkennen. Ein neuerer Hingucker und Anziehungspunkt ist jedoch das Kunstwerk „Sketch for a Fountain" von Nicole Eisenman. Die Kunstinstallation war Teil der Skulpturenausstellung (s. S. 77) im Jahr 2017. Mit den geschlechtslosen Figuren rund um ein Wasserbecken setzte die Künstlerin ein Zeichen für eine tolerante Gesellschaft. Obwohl der Brunnen zu den beliebtesten Kunstwerken der Skulpturenausstellung gehörte, stieß er nicht überall auf Gefallen. Mehrfach wurde der Brunnen während der Ausstellungszeit beschädigt, einige Figuren wurden zerstört. Eine Bürgerinitiative setzte sich für die dauerhafte Installation des Kunstwerks ein. Mit Erfolg: Im Oktober 2021 wurde der Brunnen eingeweiht.

★3 [D2] **Eisenman-Brunnen**

ten die **Bischöfe** in wenig repräsentativen Quartieren, wenn sie sich denn überhaupt in Münster aufhielten. Oft waren sie in Personalunion auch Kurfürsten von Köln und so lebten sie lieber im Rheinland als in Münster. Domkapitel, Stadt und Stände drängten deshalb immer wieder auf die Errichtung einer prachtvollen Residenz in Münster – nicht zuletzt, weil sie auf lukrative Aufträge für die Handwerker der Stadt hofften.

Erst unter Fürstbischof **Maximilian Friedrich von Königsegg-Rothenfels** wurde **Johann Conrad Schlaun** mit der Planung beauftragt, sodass am 26. August 1767 der Grundstein für das Schloss gelegt werden konnte. Nach 20-jähriger Bauzeit wurde es vollendet, doch die Fertigstellung erlebten weder Bauherr nach Architekt. Nach dem Tod Schlauns übernahm **Wilhelm Ferdinand Lipper** die Bauleitung, doch er konnte nur noch im Innenausbau eigene Akzente setzen. 1784 starb auch Bauherr Max Friedrich. Erst unter seinem Nachfolger **Max Franz von Österreich** wurde das Schloss am 14. Mai 1787 vollendet. Seinen Zweck als fürstbischöfliche Residenz konnte es allerdings nicht mehr erfüllen. Max Franz von Österreich legte keinen Wert auf einen aufwendigen Lebensstil und als zwei Jahre später die Französische Revolution ausbrach, schien sich die höfische Prachtentfaltung ohnehin überholt zu haben. Wenige Jahre später wurde das Fürstbistum schließlich aufgelöst und der Bischof verlor seine weltliche Macht.

Als die **Preußen** 1802 das Fürstbistum besetzten, zogen der Zivilgouverneur Freiherr vom Stein und der militärische Oberbefehlshaber General Blücher ins Schloss ein. Während der **französischen Besetzung** der Stadt (1807 bis 1813) residierte dort der französische Generalgouverneur, 1815 übernahmen wiederum die Preußen die Macht und teilten das Schloss dem Oberpräsidenten der neuen Provinz Westfalen und dem Kommandierenden General als Dienstwohnung zu.

Kurz vor dem Ende des **Zweiten Weltkriegs** brannte das Gebäude infolge eines Luftangriffs aus. Nach dem Krieg wurde die Fassade wieder hergestellt. Für den Innenraum aber entwickelte **Hans Malwitz** schlichte Formen in Stile der 1950er-Jahre, die sich vor allem an der neuen Nutzung des Gebäudes orientierten: Das Schloss wurde zum **Hauptgebäude der Universität.**

Hinter dem Schloss ist der **Schlossgarten** eine grüne Idylle. Mit dem Baubeginn am Gebäude begannen auch die Arbeiten am Garten, dessen Grundriss mit den sternförmigen Wassergräben die ehemalige Zitadel-

KURZ & KNAPP

### Ulrike Meinhof

In dem kleinen Haus auf dem Schlossplatz befindet sich der Allgemeine Studentenausschuss (AStA). Dessen wohl bekanntestes Mitglied war die spätere RAF-Terroristin Ulrike Meinhof, die von 1957 bis 1959 in Münster studierte. In der Auseinandersetzung um die atomare Rüstung sammelte sie ihre ersten Erfahrungen in der politischen Auseinandersetzung. Meinhof wurde Sprecherin des Anti-Atomtod-Ausschusses, schrieb Artikel für Studentenzeitungen, organisierte Demonstrationen und ergriff bei Kundgebungen das Wort. Schon hierbei wurde die politische Radikalisierung der jungen Frau sichtbar, die gut zehn Jahre später Gründungsmitglied der RAF (Rote Armee Fraktion) wurde.

le erkennen lässt. Zunächst als Barockgarten entworfen, wurde die Anlage der Mode des 19. Jahrhunderts folgend in einen Englischen Garten umgewandelt. Bereits 1788 erlaubte Fürstbischof Max Franz von Österreich, der sich ohnehin kaum in „seinem“ Schloss aufhielt, den Bürgern, in diesem Park Erholung zu suchen. 1803 wurden der **Botanische Garten** (s. S. 72) angelegt.

Der **Schlossplatz** vor dem Schloss ist weniger einladend: Der karge, großflächige Parkplatz hat längst die barocke Platzgestaltung, die Schlaun geplant hatte, verdrängt. Seit Jahren wartet das Areal auf eine Umgestaltung. Es gibt Pläne, hier in Zukunft wieder einen barocken Park anzulegen. Andere haben vorgeschlagen, den Wohnungsmangel der Stadt durch eine dichte Bebauung des Platzes zu beheben. Welche Pläne sich durchsetzen, ist zurzeit noch nicht abzusehen. In Münster rechnet niemand mit einer schnellen Entscheidung. Wer Rummel mag, den wird dies freuen, denn bis auf Weiteres kann auf dem Schlossplatz dreimal im Jahr der **Send** (s. S. 98) stattfinden, der traditionelle Jahrmarkt.

Vor dem Schloss, in der Nähe des **südlichen Wachhauses**, das heute als Sitz des Allgemeinen Studentenausschusses dient, befindet sich eine unscheinbare Skulptur, die 1987 von **Richard Artschwager** geschaffen wurde und sich seit 1997 an dieser Stelle befindet. Ein gewöhnlicher Fahrradständer wird künstlerisch überhöht. Die Skulptur ist nicht nur eine Hommage an die „Fahrradhauptstadt“ Münster, sondern weist auch darauf hin, dass die Promenade, die hier am Schloss vorbeiführt, wohl die wichtigste Fahrradstraße in Münster ist.

› Schlossplatz 2

MEIN TIPP

### Wasserbär, Buddenturm und Kreuzschanze

Im nordwestlichen Bereich der Promenade befinden sich mehrere Relikte der alten Befestigungsanlage. Der sogenannte **Wasserbär** (nahe der Kleimannstraße), eine Staumauer mit kleinem Türmchen, diente dazu, den Wasserstand im Stadtgraben zu regulieren, der von der Aa gespeist wurde. Wenige Meter weiter erhebt sich der **Buddenturm** aus dem 12. Jahrhundert. Er ist der einzige noch erhaltene Turm der Stadtbefestigung. Auch an der **Kreuzschanze,** die den Buddenturm umgibt, sind die Grundzüge der Befestigungsanlage mit Gräben und Wallanlagen noch gut zu erkennen. Die Parkanlage schmücken recht versteckt zwei Denkmäler, die an die Schriftstellerin **Annette von Droste-Hülshoff** und den Musikdirektor **Julius Otto Grimm** erinnern.

› Kreuzschanze

★**4** [C2] **Wasserbär**

★**5** [D2] **Buddenturm**

★**6** [D2] **Kreuzschanze**

## 31 Zwinger ★★★ [E2]

*Einst war der Zwinger Wehrturm, dann wurde er Gefängnis, Künstlerwohnung und HJ-Heim. Die Nationalsozialisten nutzen ihn als Folter- und Hinrichtungsstätte. Heute ist der Zwinger das wichtigste Mahnmal der Stadt Münster – ein stiller Ort, um der Opfer der nationalsozialistischen Gewaltherrschaft zu gedenken.*

Dort, wo die Aa aus der Stadt fließt, wurde Anfang des 16. Jahrhunderts ein **Wehrturm** mit 24 m Durchmesser und fast 2 m dicken Mauern gebaut – zu seiner Zeit der gewaltigste Bau seiner Art in Deutschland.

054ms Abb.: cg

Eine **Kanonenkugel,** die an der Seite zur Aa in die Außenwand eingemauert ist, sollte die feindlichen Truppen davon überzeugen, dass jeder Beschuss sinnlos sei, weil die Mauern ohnehin standhalten würden. Im Lauf des 18. Jahrhunderts verbesserte sich jedoch die Kriegstechnik, sodass die Befestigungsanlage ihre Funktion verlor. Schon 1732 wurde der Zwinger deshalb von Johann Conrad Schlaun zum **Gefängnis** umgebaut. Die 18 Einzelzellen hatten keine Fenster und so wurden die hier inhaftierten Untersuchungshäftlinge über Wochen in Dunkelhaft gehalten. Bis in die Mitte des 19. Jahrhunderts behielt der Bau diese Funktion, danach übernahm das neue Zuchthaus an der nahen Gartenstraße die Gefangenen.

Um den drohenden Verfall des Zwingers zu verhindern, kaufte die Stadt Münster schließlich das Gebäude und vermietete es 1919 an den aus Berlin stammenden **Maler Friedrich Wilhelm Liel.** Er schuf sich ein geräumiges Atelier, richtete sich häuslich ein und feierte mit seinen Künstlerfreunden rauschende Feste. Die Münsteraner Künstlergemeinschaft, der Liel vorstand, gab sich wegen des Zwingers den Namen „Die Schanze“. Diese glanzvolle und friedliche Zeit endete 1935. Der Zwinger wurde zum Heim für die **Hitlerjugend** und in den letzten beiden Kriegsjahren schließlich zum **Gefängnis der Gestapo.** Zwangsarbeiter und Kriegsgefangene wurden hier von den NS-Schergen gefoltert und ermordet.

Heute ist der Zwinger zentrale **Gedenkstätte** für die Opfer des Nationalsozialismus in Münster. Seit 1987 befindet sich hier die Installation **„Das gegenläufige Konzert“** von Rebecca Horn: Kleine Hämmer schlagen gegen die Wände, rote Laternen erleuchten die ehemaligen Gefängniszellen und im Innenhof tropft eine Wasseruhr langsam, aber beständig.

Nur wenige Meter abseits der Promenade befindet sich auf der Höhe des Zwingers in einem markanten roten Backsteinbau aus dem Jahre 1853 die **Justizvollzugsanstalt Münster.** Die Pläne für diesen mittlerweile denkmalgeschützten Bau stammen von Carl Ferdinand Busse, der auch die Haftanstalt Berlin-Moabit entworfen hatte. Heute ist die Münsteraner Justizvollzugsanstalt der älteste Gefängnisbau in Deutschland, der zumindest teilweise noch immer als Ge-

*Der Zwinger erinnert an die Opfer des Nationalsozialismus*

fängnis genutzt wird. Seit 2021 wird ein neues Gefängnis außerhalb der Innenstadt gebaut, mit der Fertigstellung ist aber erst 2026 zu rechnen.

› **Zwinger,** Promenade (unweit der Kreuzung mit der Straße Neubrückentor), Bus 6, 8 (Haltestelle Lotharinger Straße), Bus 9, 17 (Haltestelle Neubrückentor), geöffnet: Juni–Sept. So 14–18 Uhr, Eintritt: 1,50 €/1 €. Von April bis Oktober finden Führungen durch den Zwinger statt: Jeden 1. Sonntag im Monat um 11 Uhr (Treffpunkt Stadtmuseum, s. S. 76); jeden 3. Do um 20 Uhr (Treffpunkt Zwinger), Eintritt mit Führung: 3 €/2 €. Weitere Infos: Stadtmuseum Münster.

## 32 Servatiiplatz ★ [F4]

Am Servatiiplatz erhebt sich das **Iduna-Hochhaus,** das 1960/61 großstädtisches, amerikanisches Flair nach Münster brachte. Orientiert an den Hochhausentwürfen von Walter Gropius und Ludwig Mies van der Rohe, die schon in den 1920er-Jahren für Aufregung gesorgt hatten, entwarf das Architektenteam um Friedrich Wilhelm Kraemer ein elfgeschossiges Hochhaus mit einem vorgelagerten, zweigeschossigen Pavillon. Prägendes Merkmal ist die gerasterte Vorhangsfassade, die dem Iduna-Hochhaus sein charakteristisches Aussehen verleiht.

Auf dem Platz vor dem Hochhaus steht die Skulptur **„Münsters Geschichte von unten“,** die Silke Wagner zur Skulpturenausstellung 2007 geschaffen hat. Überlebensgroß setzt sie **Paul Wulf** ein Denkmal, der 1938 im nationalsozialistischen Deutschland im Alter von 17 Jahren wegen vermeintlich „angeborenem Schwachsinn“ zwangssterilisiert wurde. Nach dem Zweiten Weltkrieg trug Wulf maßgeblich zur Aufklärung der NS-Verbrechen bei. Unter anderen deckte er die grausamen Experimente der Zwillingsforschung auf, die der Münsteraner Otmar Freiherr von Verschuer zusammen mit seinem Schüler Josef Mengele, dem Lagerarzt des Vernichtungslagers Auschwitz-Birkenau, durchführte. In mehreren Ausstellungen thematisierte Wulf auch die Ermordung behinderter Menschen, die Verfolgung der Sinti und Roma und vieles mehr. Späte Ehrung erfuhr er 2012, als der Jöttenweg, benannt nach Karl Wilhelm Jötten, der sich im nationalsozialistischen Deutschland für die Zwangssterilisationen eingesetzt hatte, in Paul-Wulf-Weg umbenannt wurde.

› Servatiiplatz

055ms Abb.: cg

⊡ *Denkmal für Paul Wulf am Servatiiplatz*

## 33 Synagoge ★★ [E4]

Die Synagoge befindet sich unweit der Promenade in der Klosterstraße. Im 19. Jahrhundert konnten sich erstmals seit Jahrhunderten jüdische Familien dauerhaft in Münster niederlassen. Recht bald entstand auch ein **jüdisches Gemeindeleben** und 1880 wurde an der Klosterstraße eine Synagoge errichtet. In der **Reichspogromnacht** am 9. November 1938 wurde das Gotteshaus in Münster zerstört und 1941/1942 wurden die Münsteraner Juden in die Konzentrationslager deportiert. Von den rund 700 Juden, die 1933 in der Stadt wohnten, wanderten 264 aus, 247 wurden ermordet. Nur 28 Menschen überlebten die Deportation.

Heute gibt es wieder eine kleine jüdische Gemeinde mit rund 800 Mitgliedern. 1961 wurde die neue Synagoge errichtet. Ein Erweiterungsbau wurde 2012 eingeweiht.

› Klosterstraße 8–9, www.jgms.de. Nicht von innen zu besichtigen.

## 34 Engelenschanze ★ [E5]

Die Engelenschanze ist eine weitere Stelle, an der die Grundzüge der alten Stadtbefestigung – vor allem die Reste des alten Stadtgrabens – sichtbar werden. Heute sind die Wassergräben in eine **parkähnliche Anlage** einbezogen und bieten eine kleine Idylle am Rande der Altstadt. Auf der Grünfläche steht die Plastik **„Drei fliegende Quadrate"**, deren Aufstellung im Jahr 1975 eine Protestwelle der Münsteraner Bürger auslöste, was schließlich zur Gründung der alle 10 Jahre stattfindenden Skulpturenausstellung führte (s. S. 77).

Von hier ist es auch nicht weit zum **Bahnhof.** Das gesamte Bahnhofsviertel wurde im Zweiten Weltkrieg stark zerstört. Viele Gebäude, die heute den Bahnhof umgeben, wurde in der frühen Nachkriegszeit in betont sachlichem Stil errichtet. Zu den architektonischen Highlights zählt u. a. die ehemalige **Landwirtschaftskammer** an der Schorlemerstraße im Süden der Engelenschanze, die bereits 1951/1952 von den Architekten Walter Hämer, Werner Ruhnau und Peter Bastian errichtet wurde. Mit den geschwungenen Formen und den vielachsigen Fensterreihen wirkt der Bau transparent und leicht. Die Leichtigkeit wird nicht zuletzt dadurch unterstrichen, dass das Dach zu schweben scheint, weil das Attikageschoss weit zurückgesetzt ist.

MEIN TIPP

### Zentralfriedhof

Nicht weit von der **Landesbausparkasse** des Architekten Harald Deilmann mit ihrem riesigen Baukörper, der terrassenförmigen Gestaltung und den weißen Brüstungsbändern erreicht man einen Eingang zum Zentralfriedhof, der sich trotz seiner Größe seine Beschaulichkeit bewahren konnte.

Hier befindet sich das Grab der Clemensschwester **Maria Euthymia** (s. S. 73). Zu ihrer Seligsprechung wurde im Jahr 2001 eine kleine Kapelle über dem Grab errichtet. Auch der Reichskanzler **Heinrich Brüning** (1885–1970), der Zoogründer **Hermann Landois** (1835–1905) und der FDP-Politiker **Jürgen Möllemann** (1945–2003) liegen hier begraben.

★7 [A4] **Zentralfriedhof,** Bus 14 (Haltestelle Zentralfriedhof)

# Professor Landois

Zwischen Promenade, Himmelreichallee und Hüfferstraße [A–B4] erstreckt sich das Gelände, auf dem sich einst der Zoologische Garten von Münster befand. Erst in den 1970er-Jahren wurde der Zoo an seinen heutigen Standort auf der Sentruper Höhe verlegt. Am alten Standort in der Nähe der Promenade ist bis heute das märchenhafte Wohnhaus von Professor Landois erhalten geblieben, die sogenannte Tuckesburg. Auch vom ehemaligen Eulenturm sind noch Reste mitten im Grünen zu entdecken.

Hermann Landois, den man in Münster nur Professor Landois nennt, lebte von 1835 bis 1905 in Münster. Da er ein Anhänger Darwins war und dessen Evolutionstheorie befürwortete, wurde Landois vom Priesteramt suspendiert. Er studierte darauf Naturwissenschaften, vornehmlich Zoologie, und wurde Lehrer am Münsteraner Gymnasium Paulinum. Als Zoologieprofessor an der Universität gründete er schließlich den Zoologischen Garten und das Naturkundemuseum (s. S. 75). Für seine Forschungen wurde Landois in der Fachwelt gelobt und geachtet, berühmt wurde er allerdings wegen seines skurrilen Auftretens und seines Einfallsreichtums. Die Tuckesburg am Zoo bewohnte der Professor mit seiner Nichte, seiner Haushälterin und mit seinem Affen Herrn Lehmann, dem Landois regelmäßig Bier zu trinken gab, bis das Tier an einer Alkoholvergiftung starb. Wenig tierfreundlich zeigte sich der Zoodirektor auch, wenn es um die Finanzierung des Zoos ging – um Geld einzunehmen, veranstaltete er Wettkämpfe zwischen Ratten und Hunden. Menschenverachtend waren die sogenannten Völkerschauen, bei denen die Menschen verschiedener Ethnien dem staunenden Publikum wie Tiere präsentiert wurden. Weitaus humorvoller waren die selbstgeschriebenen, plattdeutschen Schwänke, die Landois bei den Abendgesellschaften des Zoologischen Gartens aufführen ließ. Schon zu Lebzeiten ließ er sich ein Denkmal setzen, das ihn mit Zylinder, Gehrock und mit einer lange Tabakspfeife zeigt. Im Zylinder der Statue, die heute im Allwetterzoo 36 steht, befindet sich ein Nistkasten für Vögel. Die Statue müsse, wie Landois sagte, ja schließlich für irgendetwas gut sein.

056ms Abb.: cg

## 35 Aasee ★★★ [B6]

*Am Rande der Altstadt liegt der Aasee inmitten eines 90 ha großen Erholungsgebiets, das schon als schönster Park Deutschlands und sogar als schönster Park Europas ausgezeichnet wurde. Der Aaseepark ist ein Eldorado für Spaziergänger, Jogger, Fahrradfahrer und Wassersportler und auch Kunstliebhaber kommen auf ihre Kosten: Am nordwestlichen Ufer sind viele Skulpturen der alle zehn Jahre stattfindenden Skulpturenausstellung (s. S. 77) zu entdecken und am südöstlichen Ufer erinnern am Modersohnweg mehrere Gedenktafeln an das Künstlerehepaar Otto Modersohn und Paula Becker-Modersohn. Am südlichen Aasee befinden sich der Allwetterzoo 36 mit dem Pferdemuseum, das LWL-Museum für Naturkunde mit dem Planetarium (s. S. 75) und der Mühlenhof (s. S. 75).*

Bereits 1888 sprach sich **Professor Landois** (s. S. 61), der Gründer des Münsteraner Zoos, dafür aus, einen **Stausee** anzulegen, um die Altstadt von Münster vor dem Hochwasser der Aa zu schützen, das in den vergangenen Jahrhunderten immer wieder die Stadt überschwemmt hatte. Schon damals hatte der umtriebige Professor zugleich die Verschönerung der Stadt durch eine Parkanlage um den See und das Freizeitvergnügen wie Rudern, Segeln und Schwimmen im Auge. Die Arbeiten begannen aber erst im Frühjahr 1914 und mussten schon bald wegen des Ersten Weltkriegs unterbrochen werden. Auch nach dem Krieg ruhten die Arbeiten am Aasee einige Jahre, bis 1925 eine verheerende Überschwemmung den Bürgern die Notwendigkeit des **Hochwasserschutzes** sehr eindringlich vor Augen führte. 1934 wurde der erste Teil fertiggestellt, der sich bis zur heutigen Torminbrücke erstreckt.

Mit dem Umzug des Zoos an seinen heutigen Standort wurde 1972 bis 1976 der Aasee im Süden der Torminbrücke um das Doppelte erweitert. Heute umfasst er eine Fläche von **40 ha.** Zwei **Segelclubs** und ein **Bootsverleih** stehen Wassersportlern zur Verfügung. Für Fußgänger und Fahrradfahrer führt ein 18 Kilometer verzweigtes Wegenetz durch den Park. Rund eine Stunde sollte der fitte Spaziergänger für eine Umrundung des Aasees auf den Uferwegen einplanen.

Und so schön der Aaseepark auch ist, ein **Wermutstropfen** bleibt. Weil

*Nicht weit von der Altstadt entfernt befindet sich der idyllische Aasee*

057ms Abb.: cg

die Aa auf ihrem Wege zum Aasee durch Gebiete fließt, in denen intensiv Landwirtschaft betrieben wird, und der Aasee selbst nur eine Tiefe von bis zu 2 Metern aufweist, steht es mit der **Wasserqualität** nicht zum Besten. Das **Baden ist daher verboten.**

› Adenauer-Allee, Bus 14 (Haltestelle Goldene Brücke/Aasee)

## 36 Allwetterzoo ★★ [ai]

Über **3500 Tiere aus mehr als 300 Arten** kann man im Allwetterzoo Münster erleben. Alle großen Tierhäuser sind durch **überdachte Gänge** verbunden, die im Sommer Schatten spenden oder auch vor Regen schützen: Die Wetterlage ist also kein Grund, auf einen Besuch im Münsteraner Zoo zu verzichten – daher auch der Name. Seit 1974 befindet sich der Zoo an dieser Stelle und ist doch stets im Wandel. Mit der ZoORANGerie, wo die Orang-Utans leben, der 2023 eröffneten Meranti-Halle, dem Tropenhaus und dem Elefantenpark werden moderne Zookonzepte verfolgt, die sowohl den Erwartungen der Besucher als auch dem Tierwohl gerecht werden. Für junge Gäste gibt es viele Spielmöglichkeiten, wobei zugleich Wissenswertes über Tierarten und deren Lebenswelten vermittelt wird.

Auf dem Zoogelände befindet sich auch das **Westfälische Pferdemuseum**, das sich in einer modernen Ausstellung der Natur- und Kulturgeschichte des Pferdes widmet.

› **Allwetterzoo Münster,** Sentruper Straße 315, Bus 14 (Haltestelle Zoo), Tel. 89040, www.allwetterzoo.de, April–Sept. 9–19, März, Okt. 9–18, Nov.–Febr. 9–17 Uhr, Eintritt: Erw. 23,90 €, Senioren 20,90 €, Schüler, Azubis, Studierende 17,90 €, Kinder 14,90 €. Vergünstigte Karten gibt es eine Stunde vor Schließung der Kasse und an sog. Zootagen, die mehrmals im Jahr stattfinden.

› **Westfälisches Pferdemuseum,** Tel. 484270, https://pferdemuseum.de, der Eintritt ist im Ticket für den Allwetterzoo enthalten

MEIN TIPP

### Solarschiff Solaaris

Die Attraktionen rund um den Aasee verbindet von Mitte März bis Oktober das Solarschiff Solaaris. Der barrierefrei zugängliche Aluminium-Katamaran kann 68 Fahrgäste aufnehmen und verkehrt stündlich zwischen Aaseeterrassen, Mühlenhof und Zoo/Naturkundemuseum.

●8 [B5] **Solaaris-Anleger Aaseeterrassen**, www.aaseeschifffahrt.de, Mitte März–Oktober: Abfahrt 10–17 Uhr zur vollen Stunde, Abfahrt am Allwetterzoo 36 10.30–17.30 Uhr zur halben Stunde. Eine Rundfahrt (Aaseeterrassen, Mühlenhof und Zoo) kostet 9,50 € (ermäßigt 7 €). Die Rundfahrt kann an allen Anlegestellen unterbrochen werden.

058ms Abb.: cg

*Die Bären im Zoo genießen die Frühlingssonne*

# Sehenswertes in der Umgebung

Die Stadt Münster ist von der **Münsterländer Parklandschaft** mit ihren Äckern, Wiesen, Weiden, Wäldchen und Wallhecken umgeben. Immer wieder führen die Wege an alten Bauernhöfen, beschaulichen Dörfern und Städten vorbei, die mit kleinen und großen kulturellen Höhepunkten überraschen. Das Münsterland ist vor allem ein wahres **Eldorado für Fahrradfahrer,** denn meist ist die Gegend angenehm flach, ohne langweilig zu werden. Auf einer Länge von 4500 Kilometern führen ausgeschilderte Radwege zu den schönsten Orten des Münsterlandes. Die wenigen „Berge" verdienen diesen Namen kaum, und doch warten unter anderem die **Baumberge** mit einer herrlichen Landschaft auf, in der auch Wanderer auf ihre Kosten kommen.

Freunde des **Pferdesports** werden in Westfalen glücklich – nicht von ungefähr führt dieser Landesteil das Pferd im Wappen. Im Münsterland gibt es viele Reiterhöfe und ausgeschilderte Reitrouten. **Wassersportler** können mit Kanus die Flussläufe von Ems und Werse erkunden. Und schließlich gibt es in der Münsterländer Parklandschaft eine Reihe von **Golfplätzen.**

› Ausführliche Informationen über die Freizeitangebote im Münsterland hält der Verein Münsterland e. V (www.muensterland-tourismus.de) bereit. Das Service-Center Münsterland ist unter der Info- und Buchungshotline Tel. 0800 9392919 (aus dem deutschen Festnetz kostenlos) erreichbar.

⊡ *Romantisch – Burg Hülshoff mit Kapelle und Wassergraben*

## Auf den Spuren Annette von Droste-Hülshoffs

*Die Dichterin Annette von Droste-Hülshoff (1797–1848) verbrachte den größten Teil ihres Lebens im Münsterland, das sie in ihrem Werk (z. B. im Gedicht „Der Knabe im Moor") mit sehr eindringlichen Worten beschreibt. Geboren wurde die Dichterin auf der Burg Hülshoff* **37***, 1826 bis 1846 wohnte sie im fünf Kilometer entfernten Rüschhaus* **38** *und noch heute kann der Besucher an beiden Orten in die Lebenswelt der Dichterin eintauchen.*

Burg Hülshoff und das Rüschhaus gehören zur **Annette von Droste zu Hülshoff-Stiftung,** die ins Leben gerufen wurde, um die Orte dauerhaft für die Öffentlichkeit zu erhalten. Das **Center for Literature,** das ebenfalls zur Stiftung gehört, veranstaltet ein umfangreiches **Literaturprogramm** in beiden Häusern. Zudem gibt es einen **Lyrik-Wanderweg,** der beide Lebensorte der Dichterin miteinander verbindet und mithilfe einer unterstützenden App interaktiv erlaufen werden kann.

› **Informationen zur Stiftung:** www.burg-huelshoff.de

› **Informationen zum Lyrikweg:** www.lyrikweg.net, App **Droste-Landschaft: Lyrikweg** (kostenlos für Android und iOS)

### 37 Burg Hülshoff ★★

Zwischen dem Münsteraner Stadtteil Roxel und Havixbeck im Kreis Coesfeld erhebt sich das im 18. Jahrhundert in barocker Form umgestaltete Hauptgebäude des **Wasserschlosses** Burg Hülshoff. Noch immer sind die Grundzüge der ehemals befestigten Anlage deutlich zu erkennen. Eine

059ms Abb.: cg

Brücke verbindet die Burg mit dem älteren Teil der Befestigungsanlage.

Hier lebte **Annette von Droste Hülshoff** von ihrer Geburt am 10. Januar 1797 bis zum Tod des Vaters im Jahr 1826. Als Annettes Bruder die Burg übernahm, zog die Dichterin mit ihrer Mutter in das nahe gelegene Rüschhaus 38.

Heute befindet sich in der Burg das **Center for Literature**, dass sich der Förderung der Literatur verschrieben hat. Zahlreiche Lesungen und Ausstellungen finden hier statt. Im **Droste-Museum**, das sich in der Burg Hülshoff befindet, stehen die berühmte Dichterin und ihre Familie im Vordergrund. Für Kunstinteressierte öffnet sonntags die **Galerie von Tanja Kiesewalter** im Park der Burg Hülshoff ihre Türen. Das Atelier der Künstlerin befindet sich wenige hundert Meter entfernt in einem alten Bauernhof. Am Pfingstwochenende und im November finden im Park zudem **Verkaufsausstellungen** und **Märkte** statt, in denen passend zur Jahreszeit Pflanzen und Kunsthandwerkartikel feilgeboten werden.

- **Anfahrt:** Vom Hauptbahnhof in Münster erreicht man die Burg Hülshoff mit dem RegioBus R64 (Haltestelle Hülshoffstraße, 20 Minuten Fußweg).
- **Burg Hülshoff,** Schonebeck 6, 48329 Havixbeck, Tel. 02534 1052, www.burg-huelshoff.de, geöffnet: Mi–Sa 12–17 Uhr. Während der Winterpause im Dez. ist die Burg an einzelnen Tagen zugänglich. Eintritt Museum: 5 €/3,50 €, der Eintritt zum Park ist frei.
- **Galerie Tanja Kiesewalter,** Tel. 02534 65459, www.tanja-kiesewalter.de, geöffnet: April–Nov. So 12–18 Uhr

## 38 Rüschhaus ★★

Das Rüschhaus bei Münster-Nienberge gehört zu den kleinen **architektonischen Perlen** im Münsterland. In den Jahren 1745 bis 1748 ließ **Johann Conrad Schlaun** das Gebäude als Sommersitz für sich selbst errichten. Meisterhaft kombinierte er einen westfälisch-ländlichen Gräftenhof mit einem feudalen Adelssitz. Ein kleiner **barocker Garten** rundet das Kleinod inmitten westfälischer Landschaft ab.

Am Ende der Allee, die auf das Haus zuführt, befindet sich eine moderne **Skulptur** im spannungsreichen Gegensatz zum barocken Haus. Das Kunstwerk trägt daher den passenden Namen „Dialogue with Johann Conrad Schlaun". Es wurde 1997 anlässlich der Skulpturenausstellung vom Bildhauer Richard Serra geschaffen.

Auch im Rüschhaus erinnert ein **Museum**, das dem Stadtmuseum Münster (s. S. 76) angeschlossen ist, an die Dichterin **Annette von Droste-Hülshoff**, die hier von 1826 bis 1846 wohnte.

› Am Rüschhaus 81, 48161 Münster, Bus 5 (Haus Rüschhaus), Tel. 02534 1052, www.burg-huelshoff.de/orte/haus-rueschhaus, Eintritt: 5€/3,50€. Der Garten des Rüschhauses ist frei zugänglich, eine Besichtigung der Innenräume ist allerdings nur im Rahmen einer Führung möglich. Führungen (Di–So): Mai–Okt. 10–16 Uhr zur vollen Stunde (ausgenommen 13 Uhr), April 11–15 Uhr zur vollen Stunde (ausgenommen 13 Uhr), in der Vor- und Nachsaison nach Vereinbarung.

## Das Münsterland

*Im östlichen Münsterland, das von kleinteiliger, aber intensiver Landwirtschaft geprägt ist, gibt es viel zu entdecken. Vor allem der Wallfahrtsort Telgte und die Pferdestadt Warendorf lohnen einen Ausflug. Nördlich von Münster locken die Stadt Rheine und das Kloster Bentlage.*

### 39 Wallfahrtsort Telgte ★★

Die kleine Stadt Telgte liegt rund 12 Kilometer von Münster entfernt. Berühmt wurde sie durch die seit 1651 alljährlich stattfindende **Marienwallfahrt** von Osnabrück nach Telgte, die zu den größten Wallfahrten Deutschlands gehört. Bei der **„Schmerzhaften Mutter"** sind die Pilger am Ziel. Die Pieta wurde bereits 1370 geschaffen und befindet sich in der barocken **Wallfahrtskapelle** aus dem 17. Jahrhundert im Herzen der kleinen Stadt. Neben der Kapelle steht die **Propsteikirche St. Clemens.** Die gotische Hallenkirche wurde 1522 bis 1558 errichtet. 1865 bis 1876 wurde das Kirchenschiff um ein Joch verlängert und ein neuer Turm errichtet. In den 1950er-Jahren entstanden schließlich die von Ludwig Baur entworfenen Kirchenfenster. Die Chorfenster stellen Motive der Offenbarung dar, im Langhaus zeigen die Fenster unter anderem die Wappen und Namen jener Gemeinden, die sich traditionell an der Wallfahrt nach Telgte beteiligen.

Das **Museum RELiGIO** ging aus einem Zusammenschluss des Telgter Heimathauses und des Telgter Krippenmuseums hervor. Im Zentrum der modernen und lebendig gestalteten Ausstellung steht die Religiosität der Menschen in Westfalen. Neben der großen Sammlung an Krippen aus mehreren Jahrhunderten und allen Weltregionen ist das Telgter Hungertuch ein Höhepunkt der Ausstellung. Das 7,4 m x 4,4 m große, kunstvoll bestickte Tuch wurde 1623 geschaffen, um in der Fastenzeit den Altarraum der Clemenskirche zu verhüllen.

Weitere Sehenswürdigkeiten im Ort wie das Denkmal für den Bischof Christoph Bernhard von Galen und die alte Synagoge werden durch die sogenannte **Kulturspur** verbunden. Der mit roten Pflastersteinen markierte Rundweg führt auf 2,5 Kilometern Länge zu rund 30 Sehenswürdigkeiten.

› **Anfahrt:** Telgte ist mit der Bahn vom Münsteraner Hauptbahnhof erreichbar.

› **Infos zur Kulturspur:** www.telgte.de

M9 **RELiGIO – Westfälisches Museum für religiöse Kultur,** Herrenstraße 1–2, 48291 Telgte, Tel. 02504 93120, www.museum-telgte.de, geöffnet: Di–So 11–18 Uhr, Eintritt: 5 €, Kinder und Jugendliche bis 20 Jahre frei

## 40 Warendorf ★

Rund 14 Kilometer östlich von Telgte und 26 Kilometer von der Münsteraner Innenstadt entfernt liegt die Stadt Warendorf, deren **mittelalterliche Straßen** und Gassen mit ihren historischen Gebäuden den Besucher in längst vergangene Zeiten versetzen. Besonders sehenswert ist der **Marktplatz** mit seinem geschlossenen Ensemble von Gebäuden aus sechs Jahrhunderten.

Warendorf entstand aus einer Siedlung bei einem Übergang über die Ems. Am Handelsweg zwischen den Städten Soest, Dortmund und Osnabrück sowie den Städten an Nord- und Ostsee wurde es zu einem wichtigen **Marktplatz** und um 1200 wurden der Siedlung die Stadtrechte verliehen. Ab dem 16. Jahrhundert kam Warendorf durch die Herstellung von **Textilien** zu großem Wohlstand, von dem die vom 16. bis zum 18. Jahrhundert errichteten Giebelhäuser am Marktplatz und in den Hauptstraßen noch heute zeugen. Die Qualität des Leinens war unbestritten. Der Große Kurfürst von Brandenburg war sogar so begeistert von dem Warendorfer Tuch, dass er es für das eigene Kurfürstentum zum Vorbild und **Qualitätsmaßstab** machte. Auch die Aussteuer der englischen Königin Victoria bestand zum Teil aus Leinen, das in Warendorf hergestellt war.

Schon von Weitem sichtbar ist der imposante Turm der **St.-Laurentius-Kirche** (Kirchstraße 1). Das Gotteshaus wurde bereits 785 gegründet, um von hier die christliche Missionsarbeit im damals heidnischen Ostmünsterland voranzutreiben. Die heutige gotische, dreischiffige Hallenkirche wurde zu Beginn des 15. Jahrhunderts errichtet, das Westwerk mit dem mächtigen Turm aber erst 1913/1914 angefügt. Das Gnadenbild der **„Glorreichen Jungfrau von Warendorf“** im Inneren wurde 1650 geschaffen. Hundert Jahre später rückte es in den Mittelpunkt der rund um Warendorf sehr stark ausgepräg-

### Paul Spiegel (1937–2006)

Der ehemalige Präsident des Zentralrats der Juden in Deutschland, Paul Spiegel, wird am 31. Dezember 1937 in Warendorf geboren. Nach dem Judenpogrom im November 1938 flieht die Familie Spiegel in die belgische Hauptstadt Brüssel. Als Deutschland jedoch im Zweiten Weltkrieg Belgien besetzt, wird die Familie auseinandergerissen. Vater Hugo wird verhaftet und interniert, die Schwester Rosa nach Auschwitz verschleppt und im November 1942 in der Gaskammer ermordet. Während die Mutter in Brüssel bleibt, wird der junge Paul bei einer Bauernfamilie auf dem Lande versteckt. Nach dem Zweiten Weltkrieg erreicht Mutter und Sohn die frohe Nachricht, dass der Vater das Konzentrationslager Dachau überlebt hat. Schon bald kehrt Hugo Spiegel mit seiner Familie nach Warendorf zurück, um hier erneut eine jüdische Gemeinde aufzubauen. Am 7. September 1945 kann in Warendorf der erste jüdische Gottesdienst im Münsterland gefeiert werden. Paul Spiegel lebt bis 1958 in Warendorf. Sein Vater und er sind Ehrenbürger der Stadt. 2006 stirbt Paul Spiegel in Düsseldorf.

ten **Marienverehrung.** Bis heute nehmen alljährlich Tausende von Menschen an der großen Warendorfer Marienprozession teil.

Nur wenige Minuten Fußweg vom Marktplatz entfernt befindet sich die **Franziskanerkirche** (Klosterstraße 30), die zwischen 1652 bis 1673 errichtet wurde. Die barocke Ausstattung, in der sich schon Anklänge des Klassizismus finden, tritt beinahe bescheiden zurück und setzt doch umso eindrucksvollere Akzente.

Im Warendorfer Stadtteil Freckenhorst steht schließlich ein sehr beeindruckender Kirchenbau: der sog. „Bauerndom", die **Stiftskirche St. Bonifatius** (Kirchplatz 1) aus dem 12. Jahrhundert. Die Kirche mit nicht weniger als fünf Türmen wurde im Jahr 1129 geweiht und zählt zu den bedeutendsten romanischen Gotteshäusern Westfalens. Sie war das geistliche Zentrum eines freiweltlichen Damenstifts. In der Bebauung und dem Verlauf der Straßen sind noch heute die einstigen Grenzen des Stiftsbezirks sichtbar.

Warendorf ist auch als **Stadt der Pferde** bekannt. 1826 genehmigte der preußische König Friedrich Wilhelm III. die Errichtung eines Landgestüts, um die Pferdezucht im Münsterland zu fördern. Heute befindet sich das Gestüt im Besitz des Landes Nordrhein-Westfalen, das sich zu einem bedeutenden Zentrum der Pferdezucht entwickelt hat. Die Pferderasse der Westfalen, die beim Dressur- und Springreiten eingesetzt wird, hat hier in Warendorf ihre Ursprünge. Neben der Zucht wird auch der Reitsport in Warendorf großgeschrieben. Dem Landgestüt ist die Deutsche Reitschule angeschlossen und auch der Dachverband der deutschen Reiter, die Deutsche Reiterliche Vereinigung, sowie das Deutsche Olympiade-Komitee für Reiterei (DOKR) haben in Warendorf ihren Sitz. Es wundert nicht, dass Pferde und Reiter aus Warendorf bei internationalen Wettkämpfen bis hin zu den Olympischen Spielen immer wieder auf den ersten Plätzen landen.

Alljährlich zieht die „Hengstparade" an drei Sonntagen im September/Oktober Tausende von Besuchern an, längst hat sich die Präsentation der Zuchthengste zu einem großen Volksfest entwickelt. Im August findet zudem die „Symphonie der Hengste" statt: Von einem kompletten Orchester begleitet, zeigen Pferde und Reiter ihre Kunst in der Dressur.

› **Anfahrt:** Nach Warendorf besteht eine Verbindung der Bahn vom Hauptbahnhof Münster.

•10 **Nordrhein-Westfälisches Landgestüt,** Sassenberger Straße 11, 48231 Warendorf, www.landgestuet.nrw.de, Tel. 02581 63690. Die Außenanlagen des Landgestüts sind jederzeit frei zugänglich. Während der Dienstzeiten können die Ställe besichtigt werden: Mo–Fr 9–12 und 14–17, Mi 9–12, Sa 9–12, So 11–12 Uhr. Führungen vermittelt die Tourist-Information der Stadt Warendorf (Tel. 02581 545454, www.warendorf.de).

## 41 Rheine und Kloster Bentlage ★

Nördlich von Münster liegen die Stadt Rheine, das Erholungsgebiet Bentlager Wald mit Saline, der NaturZoo und das Kloster Bentlage, in dem sich ein international renommiertes Kulturzentrum befindet. **Rheine** ist das kulturelle und wirtschaftliche Zentrum des nördlichen Münsterlandes und entstand im Mittelalter aus einer Marktsiedlung. Wegen der strategisch wertvollen Lage an der **Ems** geriet Rheine immer wieder in kriegerische Auseinandersetzungen. Auch der Dreißigjährige Krieg traf die Stadt schwer – mehrfach wurde die Stadt von katholischen wie protestantischen Kriegsparteien besetzt. Kurz vor dem Ende des Krieges wurde Rheine im Jahr 1647 beinahe vollständig zerstört, als schwedische Truppen die Stadt belagerten und mit glühenden Kanonenkugeln beschossen. Dem dadurch verursachten Stadtbrand fielen 339 Häuser zum Opfer. Im 19. Jahrhundert wurde Rheine schließlich zu einem bedeutenden **Zentrum der Textilindustrie.** Bis zum Abzug der britischen Soldaten vor wenigen Jahren war Rheine ein wichtiger Militärstandort in Norddeutschland.

In der **Altstadt** und am **Marktplatz** ist bis heute der mittelalterliche Charakter erhalten geblieben. An der Stelle der **Dionysiuskirche** (An der Stadtkirche 8) ist bereits im Jahr 838 ein erster Kirchenbau bezeugt. Um das Jahr 1400 wurde mit dem Bau der heutigen Kirche begonnen, der Turm wurde 1520 fertiggestellt. Auf der anderen Seite der Ems entstand zwischen 1899 und 1905 die **Antoniusbasilika** (Osnabrücker Str. 34). Das imposante Gebäude entwarf Johannes Franziskus Klomp im Stil eines romanischen Kaiserdoms. 102 Meter ragt der Turm in die Höhe – die Bauherren wollten mit diesem mächtigen sakralen Bauwerk die Industrieanlagen in der Umgebung übertreffen, die sich im 19. Jahrhundert rund um Rheine angesiedelt hatten.

Im Bentlager Wald nahe der Stadt Rheine liegt das **Kloster Bentlage.** 1437 wurde das Kreuzbrüderkloster gegründet. Anfang des 19. Jh. wurde es aufgelöst. Heute befindet sich in den Gemäuern ein **Museum** für die Kunst- und Kulturgeschichte Westfalens vom Mittelalter bis zur Gegenwart. Die prachtvollen Reliquiengärten gehören zu den Höhepunkten der Sammlung und sind ein Muss für jeden Besucher. Die „Westfälische Galerie" zeigt eine Ausstellung über die Entwicklung der modernen Kunst in Westfalen des 20. Jahrhunderts. Regelmäßige Wechselausstellungen mit international renommierten Künstlern haben den guten Ruf des Museums bis weit über die Grenzen des Münsterlands hinaus getragen.

Nahe dem Kloster Bentlage befindet sich die **Saline Gottesgabe** im Bentlager Wald. Seit dem 17. Jh. wurde hier Salz gewonnen. Das weiße Gold trug erheblich zum Wohlstand der Umgebung bei. Auf der Salzroute durch den Park rund um die Saline wird die Geschichte der Salzgewinnung erlebbar. Nur wenige Meter von der Saline entfernt befindet sich der Eingang zum **NaturZoo.** Auf einer Fläche von 13 Hektar leben rund 1000 Tiere in artgerechten Gehegen. Das pädagogische Konzept zielt darauf ab, Besuchern Wissen über die Natur zu vermitteln, damit sie die Umwelt bewusster wahrnehmen.

› **Anfahrt:** Rheine ist von Münster gut mit der Bahn zu erreichen. Vom Bahnhof in Rheine zur Saline und zum NaturZoo verkehrt die Buslinie C12 (Haltestelle Saline Tierpark). Von hier sind es 15 Min. Fußweg bis zum Kloster Bentlage. Autofahrer können auf dem großen Parkplatz bei Zoo und Saline parken und zu Fuß bis zum Kloster gehen. Die schöne Parkanlage entschädigt für die Mühen.

**11 Museum Kloster Bentlage,** Bentlager Weg 130, 48432 Rheine, Tel. 05971 918400, www.kloster-bentlage.de, geöffnet: Di–Sa 14–18, So, Feiertage 10–18 Uhr, Eintritt: 5 €, erm. 3 €

★**12 NaturZoo Rheine,** Salinenstraße 150, Rheine (bei Navi-Nutzung Weihbischof-Dalhaus-Str. als Adresse eingeben), Tel.

05971 161480, www.naturzoo.de, Sommer 9–18 Uhr (So, Feiertage bis 19 Uhr), Winter 9 Uhr bis zur Dämmerung, Eintritt: 8 €, Kinder (3–17 Jahre) 4 €, Schüler ab 18 Jahren, Studenten und Behinderte 7 €

•13 Saline Gottesgabe

## Die schönsten Schlösser und Burgen

*Von den unzähligen Schlössern und Burgen im Münsterland befinden sich die schönsten südlich von Münster. In Lüdinghausen steht die mittelalterliche Burg Vischering. Das Schloss Nordkirchen wird als „Westfälisches Versailles" bezeichnet.*

### 42 Burg Vischering ★★

Die romantisch anmutende Burg Vischering in Lüdinghausen wurde im Jahr 1271 fertiggestellt und hat bis heute ihren mittelalterlichen Charakter bewahren können. Trotz einiger Umbauten erfüllt die Rundburg mit Zugbrücke, Schießscharten und Wehrgängen noch immer alle Erwartungen, die man seit seiner Kindheit mit einer mittelalterlichen, wehrhaften Burg verbindet. Über Jahrhunderte war sie der Sitz der Familie Droste zu Vischering, die den Erbdrosten, einen hohen Verwaltungsbeamten im Fürstbistum Münster, stellte und im 18. Jahrhundert in Münster auch den **Erbdrostenhof** 11 errichten ließ.

Die Dauerausstellung führt in die Welt des Mittelalters. In Sonderaustellungen steht die Kunst der Gegenwart im Mittelpunkt.

› **Anfahrt:** Von Münster (Hauptbahnhof) aus ist die Burg Vischering mit der Bahn (bis Lüdinghausen) oder mit dem SchnellBus S90 erreichbar (Haltestelle Abzweig Vischering).

› **Burg Vischering**, Berenbrock 1, 59348 Lüdinghausen, Tel. 02591 79900, www.burg-vischering.de, geöffnet: Di–So 10–18 Uhr, Eintritt: 7,50 €, erm. 5 €, Kinder bis 18 Jahre 3,50 €

### 43 Schloss Nordkirchen ★★

Das prächtigste Schloss des Münsterlandes befindet sich nur wenige Kilometer von Lüdinghausen entfernt in Nordkirchen. Oft wird das Schloss als **„Westfälisches Versailles"** bezeichnet – und das ist keine Übertreibung, denn die Architekten Gottfried Laurenz Pictorius, Peter Pictorius der Jüngere und Johann Conrad Schlaun ließen im Auftrag von Fürstbischof Friedrich Christian von Plettenberg ein **dreiflügliges Schloss** errichten, dass sich an französischen Vorbildern orientierte und ihnen in nichts nachsteht. Mit den viereckigen Gräften (Wassergräben), einem 170 ha großen Park, 8 Kilometer langen Alleen, einem See und vielen barocken Kunstwerken wurde die Anlage von der UNESCO zum **„Gesamtkunstwerk von internationalem Rang"** erklärt. Besonders bemerkenswert ist auch die Schlosskapelle mit ihren einmaligen Deckenmalereien. Heute befindet sich im Schloss die Fachhochschule für Finanzen des Landes Nordrhein-Westfalen, Teile des Gebäudes können jedoch im Rahmen von Führungen besichtigt werden.

› Schloss 1, 59394 Nordkirchen, Tel. 02596 9330, www.schloss.nordkirchen.net, sonn- und feiertags stündlich Führungen: Mai–Sept. 11–17, Okt.–Apr. 14–16 Uhr. Kosten für Führungen: 3–6 € (je nach Umfang und Dauer). Die Parkanlage ist ganzjährig frei zugänglich.

› **Anfahrt:** Mit öffentlichen Verkehrsmitteln erreicht man das Schloss Nordkirchen über Ascheberg. Vom Münsteraner Hauptbahnhof besteht eine Busverbindung nach Ascheberg (Bus 341). Von dort fährt der Bus 521 zum Schloss.

# MÜNSTER ERLEBEN

002ms Abb.: cg

# Münster für Kunst- und Museumsfreunde

In Münster kommt auch bei schlechtem Wetter keine Langeweile auf. Für nahezu alle Interessen findet sich in der Stadt eine passende **Ausstellung.** Neben den großen Museen sind vor allem auch die kleinen Sammlungen, die jenseits spektakulärer Effekte manchen Reiz bieten, einen genaueren Blick wert. In der **Nacht der Museen und Galerien** Anfang September beteiligen sich viele Museen mit langen Öffnungszeiten, Sonderausstellungen und besonderen Programmen.

Eine **Übersicht** über die Museen in Münster sowie aktuelle Ausstellungen und Veranstaltungen gibt die Internetseite www.museen-in-muenster.de.

## Museen

23 [D4] **Archäologisches Museum.** Das Museum präsentiert Kunst und Kunsthandwerk antiker Kulturen ab dem 4. Jahrtausend v. Chr. und hat es sich zur Aufgabe gemacht, einer breiten Öffentlichkeit die neusten Erkenntnisse archäologischer Forschung zugänglich zu machen (s. S. 49).

M**14** [D4] **Bibelmuseum,** Pferdegasse 1, www.uni-muenster.de/Bibelmuseum, geöffnet: Di–So 10–18 Uhr, Eintritt frei. Lange Zeit führte das Bibelmuseum der Universiät Münster ein Schattendasein, viele Jahre war die bemerkenswerte Sammlung mit wertvollen Handschriften, einer Gutenbergbibel, Bibeln in Miniaturformaten und so mancher Kuriosität rund um die heilige Schrift nicht öffentlich zugänglich: Es gab keine Ausstellungsräume. Seit 2019 hat das Bibelmuseum einen angemessenen Ort in der Nähe des Doms gefunden. Sonderausstellungen beleuchten die Bibel und ihre Geschichten.

M**15** [A3] **Botanischer Garten der Universität Münster**, Schlossgarten 3, Tel. 8321618, http://garten.uni-muenster.de, geöffnet: täglich, April–September 8–19, November–März 8–16 Uhr, Eintritt frei. Seit 1803 dient der Botanische Garten wissenschaftlicher Forschung und Lehre. Für die Öffentlichkeit bietet er zugleich eine Oase der Ruhe und Erholung mitten in der Stadt. Ein Spaziergang durch den Garten und die Gewächshäuser führt nicht nur zur heimischen Pflanzenwelt, sondern auch in tropische und subtropische Klimazonen. Einen außergewöhnlichen sinnlichen Zugang zur Pflanzenwelt bietet der Riech- und Tastgarten.

M**16** [E4] **Euthymia-Zentrum,** Loerstraße, Tel. 2655668, www.clemensschwestern.de, geöffnet: Mo–Sa 10–16.30, So, Feiertage 14.30–16.30 Uhr, Eintritt frei. Maria Euthymia, geborene Emma Üffing (1914–1955), trat 1934 dem Clemensorden bei und pflegte im Zweiten Weltkrieg schwerkranke Kriegsgefangene und Zwangsarbeiter. Bis heute wird sie nicht nur von gläubigen Münsteranern verehrt und 2001 wurde sie seliggesprochen. Im Euthymia-Zentrum im Mutterhaus der Clemensschwestern ist dem Leben von Maria Euthymia und der Geschichte des Ordens eine Ausstellung gewidmet, wobei auf gelungene Weise immer wieder Bezüge zur deutschen Geschichte und zur Weltgeschichte hergestellt werden. Der Verehrungsraum mit einem eindrucksvollen Flügelaltar („Sieben Schmerzen Mariens") lädt zur Besinnung ein.

*Vorseite: Die Kreuzstraße [C2] im Münsteraner Kuhviertel ist seit Jahrzehnten eine beliebte Ausgehmeile*

M 17 [D4] **Geomuseum,** Pferdegasse 3, www.uni-muenster.de/Geomuseum, Tel. 8333900, geöffnet: Di–So 10–18 Uhr, Eintritt frei. Vom Urknall bis Westfalen: Mit diesem Slogan wirbt das Geomuseum für seinen Streifzug durch die Geschichte der Erde – von den allerersten Anfängen des Universums bis zur Moderne. Hinter den ehrwürdigen Mauern einer barocken Domherrenkurie entdecken die Besucher eine abwechslungsreiche und sehenswerte Ausstellung, auf die Münster lange gewartet hat. Über einen Zeitraum von 15 Jahren wurde die Eröffnung des Museums immer wieder versprochen und hinausgeschoben. Spötter verglichen es bereits mit dem Berliner Flughafen. Doch 2023 war es endlich so weit und das Museum wurde eröffnet.

M 18 [H2] **Geschichtsort Villa ten Hompel,** Kaiser-Wilhelm-Ring 28, Bus 33 und 34 (Haltestelle Villa ten Hompel), Tel. 4927101, www.stadt-muenster.de/villa-ten-hompel, geöffnet: Mi, Do 18–21, Fr–So 14–17 Uhr, Eintritt frei. Einst Fabrikantenvilla, dann im Nationalsozialismus Sitz der Ordnungspolizei und schließlich Dezernat für Wiedergutmachung im Nachkriegsdeutschland: Der Ort, an dem sich die Gedenkstätte Villa ten Hompel befindet, blickt auf eine bewegte Geschichte zurück. Heute werden hier zwei moderne, gut durchdachte Dauerausstellungen gezeigt. Die erste Ausstellung beleuchtet die Beteiligung der deutschen Polizei am Zweiten Weltkrieg und am Völkermord, die zweite widmet sich der bürokratischen „Wiedergutmachung" nach 1945. Regelmäßige Sonderausstellungen vertiefen unterschiedliche Aspekte der deutschen Geschichte des 20. Jahrhunderts. Neben den Ausstellungen ist die Villa ten Hompel ein wichtiger Geschichtsort, der mit seinem umfangreichen Veranstaltungsprogramm die Auseinandersetzung mit historischen Themen sucht, wobei stets aktuelle Fragestellungen und die Förderung der Demokratie im Auge behalten werden.

15 [E3] **Krameramtshaus.** Einst residierten hier die Händler der Stadt Münster. Im ehemaligen Sitzungssaal der Kaufleute finden heute regelmäßig Kunstausstel-

## Maria Euthymia

Als Maria Euthymia im Jahr 1955 im Alter von nur 41 Jahren starb, waren sich viele ihrer Mitmenschen sicher, dass eine Heilige gestorben war. Ab 1936 verrichtete die Clemensschwester im Vinzenz-Hospital in Dinslaken ihren Dienst und absolvierte eine Ausbildung zur Krankenschwester. Zunächst arbeitete sie auf der Frauen-, bald auf der Isolierstation. Ab 1943 pflegte Maria Euthymia Kriegsgefangene und Zwangsarbeiter, die in den Augen der Nationalsozialisten und vieler Deutscher in erster Linie Feinde und „Untermenschen" waren. Für Euthymia aber waren sie Menschen, die Hilfe, Pflege und Zuwendung brauchten. Sie versuchte nicht nur, die körperlichen Gebrechen und Krankheiten zu lindern, sondern kümmerte sich auch um das seelische Wohl ihrer Patienten, gab ihnen Zuneigung und ein Gefühl von Geborgenheit. Nach dem Kriegsende wurde Euthymia in der Hospitalwäscherei in Dinslaken eingesetzt und arbeitete von Januar 1948 bis zu ihrem frühen Tod in der Wäscherei der Raphaelsklinik und des Mutterhauses in Münster. Am 7. Oktober 2001 wurde die Clemensschwester seliggesprochen. An ihrem Grab auf dem Münsteraner Zentralfriedhof (s. S. 60) wird sie heute vor allem um Fürsprache bei schweren Krankheiten angerufen.

lungen statt, mit denen vor allem Münsteraner Künstlern eine Möglichkeit geboten werden soll, ihre Werke der Öffentlichkeit zu zeigen (s. S. 38).

19 [H7] **Kunsthalle Münster/Speicher II,** Hafenweg 28, Tel. 6744675, www.stadt-muenster.de/kunsthalle, geöffnet (während der Ausstellungen): Di–Fr 14–19, Sa, So 12–18 Uhr, Eintritt frei. Jenseits der etablierten Museen hat sich am Hafen eine junge Kunstszene etabliert. Seit 2004 ist im alten Speicher II eine Drehscheibe für zeitgenössische Kunst entstanden. Auf vier Etagen haben 32 Künstler aus verschiedenen Bereichen der bildenden Kunst ihre Ateliers, in der fünften Etage befindet sich die Kunsthalle Münster, die längst zu den „mutigsten, innovativsten und überzeugendsten Kunsthallen" in Deutschland zählt. Auf 1000 m² Projektfläche präsentieren wechselnde Ausstellungen aktuelle Tendenzen der Kunst, ohne den internationalen Vergleich scheuen zu müssen. Dabei versteht sich die Kunsthalle als Produktionsort und Laboratorium, wo Künstler risikoreich und experimentell arbeiten können. Im Erdgeschoss des Speichers haben zwei Münsteraner Verlage und eine druckgrafische Werkstatt ihren Sitz.

015ms Abb.: cg

20 **Kunsthaus Kannen – Museum für Outsider Art und zeitgenössische Kunst,** Alexianerweg 9, Bus 7, R41 (Haltestelle Alexianer Werkstätten), Tel. 02501 96620560, www.kunsthaus-kannen.de, geöffnet: Di–So 13–17 Uhr, Eintritt frei. Im Alexianer Krankenhaus, einer Fachklinik für Psychiatrie und Psychotherapie, befindet sich das Kunsthaus Kannen. Seit den 1980er-Jahren werden Patienten der Klinik in ihrer kreativen Arbeit und Entwicklung unterstützt. Im Rahmen dieses einzigartigen Projektes entstand eine Sammlung von 5000 Kunstwerken, mit der im In- und Ausland bereits zahlreiche viel beachtete Ausstellungen organisiert wurden. Das Kunsthaus versteht sich als integrative Begegnungsstätte für behinderte und nicht behinderte Künstler. Atelier- und Ausstellungsbetrieb, eine kleine Fachbibliothek und ein Art-Shop mit Bilder-, Postkarten- und Katalogverkauf stehen jedem Interessierten offen.

20 [D4] **Kunstmuseum Pablo Picasso.** Das Kunstmuseum verfügt über eine große Sammlung an Werken des spanischen Künstlers Pablo Picasso und seiner Zeitgenossen. In wechselnden Ausstellungen gewährt es neue Einblicke in die moderne Kunstgeschichte (s. S. 45).

21 **Lepramuseum und Heimatmuseum Kinderhaus,** Kinderhaus 15, Bus 6, 9, 15, 19 (Haltestelle Kristiansandstraße), Tel. 01577 3147735 (Heimatmuseum Kinderhaus), Tel. 525295 (Lepramuseum), www.lepramuseum.de und www.heimatmuseum-kinderhaus.de, geöffnet (beide Museen): So 15–18 Uhr (Winter: So 15–17 Uhr), Eintritt frei. Im Norden der Stadt, im Stadtteil Kinderhaus, befindet sich das einzige Lepramuseum Deutschlands, das zudem an einem historischen Ort untergebracht ist: An der Stelle des

*Giganten der Urzeit vor dem LWL-Museum für Naturkunde*

MEIN TIPP

### Torhaus-Galerie

In einem historischen Wachthaus an der ehemaligen Befestigungsanlage in der Nähe des Schlosses unterhält der Münstersche Stadtheimatbund eine kleine Geschäftsstelle. In den Räumen sind in wechselnden Ausstellungen Werke moderner Künstler zu sehen.

M **24** [B2] **Torhaus-Galerie,** Neutor 2, Tel. 98113978, www.stadtheimatbund-muenster.de, Mo–Fr 10–12.30 Uhr, Eintritt frei

In einem alten Kaufhaus zeigt das Stadtmuseum (s. S. 76) Schätze aus 1200 Jahren Stadtgeschichte

heutigen Museums wurde 1326 ein Leprosenhaus gegründet, in dem die „Aussätzigen" versorgt wurden. Die „armen Kinder Gottes" gaben dem Stadtteil Kinderhaus seinen Namen. Die kleine Ausstellung beleuchtet die Geschichte, Verbreitung und Bekämpfung der Seuche von der Antike bis zur Gegenwart. Im gleichen Fachwerkgebäude aus dem 16. und 17. Jahrhundert ist auch das Heimatmuseum Kinderhaus mit seiner alltagsgeschichtlichen Ausstellung untergebracht.

**3** [D4] **LWL-Museum für Kunst und Kultur.** Das LWL-Museum für Kunst und Kultur ist das zentrale Kunstmuseum in Westfalen. Neben der Sammlung ist auch das Gebäude am Domplatz sehenswert (s. S. 19).

M **22** [ai] **LWL-Museum für Naturkunde mit Planetarium**, Sentruper Straße 285, Bus 14 (Haltestelle Zoo/Naturkundemuseum), Tel. 59105, www.lwl-naturkundemuseum-muenster.de, www.lwl-planetarium-muenster.de, geöffnet: Di–So 9–18 Uhr, Eintritt: Museum 6,50 €/4 €, Planetarium 5,50 €/3 €, Museum und Planetarium 10,50 €/6,10 €. Das Naturkundemuseum bietet einen spannenden Einblick in die Natur. Schon vor dem Gebäude grüßen große Dinosauriermodelle, in der Ausstellung sind die Wunder von Fauna und Flora zu entdecken. Die spektakulären Sonderausstellungen erweisen sich immer wieder als Besuchermagnete. Einen weiteren Schwerpunkt bildet die Astronomie. Mitten im Museum befindet sich ein Planetarium, dass 2021 eine brandneue technische Ausstattung erhielt.

M **23** [ai] **Mühlenhof – Freilichtmuseum Münster**, Theo-Breider-Weg 1, Bus 14 (Haltestelle Mühlenhof), Tel. 981200, www.muehlenhof-muenster.org, geöffnet: tgl. 10–18 Uhr, Eintritt: 5 €/3 €, Familien 13 €. 1961 wurde eine alte Bockwindmühle aus dem Emsland auf der Sentruper Höhe nahe der Altstadt von Münster wiedererrichtet. Damit war der Anfang für das Freilichtmuseum gemacht, das bis heute vom Verein De Bockwindmüel e. V. getragen wird. In den folgenden Jahren kamen Bauernhöfe, Scheunen und eine alte Schule hinzu. Rund 30 Gebäude wurden zum Mühlenhof versetzt, wo sie Einblick in das ländliche Leben Westfalens in den vergangenen Jahrhunderten erlauben. Ein Café lädt zur Pause ein, der Dorfladen verkauft westfälische Spezialitäten.

**25 Polizeigeschichtliche Sammlung,** in der Polizei-Führungsakademie, Zum Roten Berge 18–24, Bus 1 und 18 (Haltestelle Hohe Geest), www.dhpol.de/die_hochschule/hochschulbibliothek/ausstellung_polizeigeschichte.php, geöffnet: Mo–Do 8–16, Fr 8–12 Uhr, Eintritt frei. Die Deutsche Hochschule der Polizei dokumentiert mit dieser Ausstellung die Geschichte der Polizei vom deutschen Kaiserreich bis zur Bundesrepublik. Ein Schwerpunkt wird auf die Ausbildung und das Selbstverständnis der Polizisten in der jeweiligen Zeit gelegt.

**26** [F4] **Stadtmuseum,** Salzstraße 28, Tel. 4924503, www.stadtmuseum-muenster.de, geöffnet: Di–Fr 10–18, Sa, So, Feiertage 11–18 Uhr, Eintritt frei. 1200 Jahre Stadtgeschichte werden im Stadtmuseum lebendig – von den ersten Siedlungen bis zur Nachkriegszeit. Besonders sehenswert sind die regelmäßig stattfindenden Fotoausstellungen, die das Werden der Stadt in den letzten Jahrzehnten und den Wandel der Alltagswelt dokumentieren.

› **Westfälisches Pferdemuseum im Allwetterzoo Münster** 36. Das Glück der Erde liegt auf dem Rücken der Pferde. Das Museum widmet sich der Natur- und Kulturgeschichte des Pferdes. Zudem gibt es Pferdeshows und andere Veranstaltungen. Ein Besuch des Museums ist nur in Kombination mit einer Zoovisite möglich (s. S. 63).

## Kunstgalerien

In Münster gibt es zahlreiche Galerien, die sich vorwiegend der **modernen Kunst** in ihren unterschiedlichen Ausprägungen widmen.

Während der Nacht der Museen und Galerien Anfang September sind viele Galerien bis in die Nacht geöffnet.

**27** [bf] **FB69,** Dorpatweg 10, Tel. 0176 61158684, www.fb69.com, geöffnet: Di–Fr 13–15 Uhr. Der Galerist Kolja Steinrötter hat sich in Münster schon längst einen Namen gemacht. Seit 2018 präsentiert er vielfältige Werke verschiedener Gegenwartskünstler an der ehemaligen Germania-Brauerei.

**28** [D3] **Galerie Nettels,** Spiegelturm 3, Tel. 46293, www.nettels.de, geöffnet: Mo–Fr 10–18.30, Sa 10–16 Uhr. Die Galerie Nettels verkauft eine große Auswahl aktueller Kunst.

**29** [E4] **Galerie Ostendorff,** Prinzipalmarkt 11, Tel. 57404, www.ostendorff.de, geöffnet: Mo–Fr 9–17, Sa 10–18 Uhr. Künstler der Moderne sind in der Galerie Ostendorff am Prinzipalmarkt zu entdecken.

**30** [D4] **Galerie Schemm,** Rothenburg 38, Tel. 43241, www.galerie-schemm.de, geöffnet: Mo 11–18.30, Di–Fr 10–18.30, Sa 10–16 Uhr. Im Jahr 1900 eröffnete die Galerie Schemm, heute wird sie in vierter Generation betrieben. Zeitgenössische Kunst steht im Mittelpunkt. Sehenswert ist der Skulpturenhof.

**31** [C2] **Goeken Kunst + Design,** Rosenplatz 10, Tel. 45024, www.goekenart.com, geöffnet: Di–Fr 10.30–13 und 14.30–18.30, Sa 10.30–16 Uhr. Mitten im Kuhviertel verkauft Goeken Kunst- und Design-Originale, Skulpturen, Grafiken, Künstlerplakate, Fotografien, Museumsrepliken, Keramik und Designobjekte.

## Kunst unter freiem Himmel

*Als 1973 die 130.000 D-Mark teure Plastik „Drei rotierende Quadrate" (s. S. 78) von George Rickey an der Engelenschanze* 34 *aufgestellt werden sollte, erhob sich ein so starker Bürgerprotest gegen dieses Kunstwerk, dass die Stadt Münster beschloss, es nicht zu kaufen – stattdessen wurde ihr die Skulptur dann zwei Jahre später von der Westdeutschen Landesbank geschenkt.*

Als Reaktion auf den Bürgerprotest riefen die Kuratoren des Landesmuseums (heute LWL-Museum für Kunst und Kultur 3) Klaus Bußmann und Kaspar König 1977 eine **Skulpturenausstellung im öffentlichen Raum** ins Leben, um die Münsteraner an moderne Kunst zu gewöhnen. Seitdem findet die Ausstellung, an der sich renommierte internationale Künstler beteiligen, alle zehn Jahre statt. Münster wird zum Versuchslabor, um Beziehungen zwischen Kunst und Öffentlichkeit, Geschichte, Kultur und Topografie herzustellen. Längst ist die Ausstellung zu einem Höhepunkt im internationalen Kunstgeschehen geworden und auch die Münsteraner haben ihren Frieden mit modernen Kunstwerken gemacht. Die Skulpturenausstellung wurde von ihnen mit lokalpatriotischem Stolz vereinnahmt: Viele Plastiken und Skulpturen wurden nach den Ausstellungen aufgekauft und sind noch heute im Stadtbild zu sehen. Die letzte Skulpturenausstellung fand 2017 statt und lockte wieder mehr als 600.000 kunstbegeisterte Menschen in die Stadt.

An vielen Werken befinden sich kleine Tafeln mit **QR-Codes.** Mithilfe der hinterlegten Internetadresse können weitere Infos zum Kunstwerk abgerufen werden. Von den bisherigen Ausstellungen sind die folgenden Skulpturen besonders sehenswert:

★32 [bi] **Blickst du hinauf und liest die Worte,** Ilya Kabakov (1997), nördliches Aaseeufer. Mit der Skulptur, die auf den ersten Blick wie eine gewaltige Funkantenne aussieht, schreibt Kabakov in 15 Meter Höhe mit Drahtlettern eine Botschaft in den Himmel, die von Goethe sein könnte, tatsächlich aber aus der Feder des Künstlers stammt. Und man lässt sich gerne von dem überzeugen, was dort steht: „Mein Lieber! Du liegst im Gras, den Kopf im Nacken, um dich herum keine Menschenseele, du hörst nur den Wind und schaust in den offenen Himmel – in das Blau dort oben, wo die Wolken ziehen – das ist vielleicht das Schönste, was du im Leben getan hast."

017ms Abb.: Presseamt Münster©Roman Mensing

*„Blickst du hinauf und liest die Worte" von Ilya Kabakov*

★**33** [D4] **Dolomit zugeschnitten,** Ulrich Rückriem (1976). Im Jesuitengang gegenüber der Petrikirche 24 steht diese Skulptur aus neun Granitsteinen. Die abgeschrägte Form nimmt Bezug auf das Kirchengebäude. Die umstrittene Skulptur wurde zunächst zeitlich begrenzt aufgebaut, erst 1987 kehrte sie dauerhaft an ihren Platz zurück.

★**34** [E5] **Drei rotierende Quadrate,** George Rickey (1975), Engelenschanze 34. Dieses Kunstwerk stand am Beginn der Skulpturenausstellung. Ein leichter Wind setzt drei quadratische Flächen aus geschliffenem Aluminium in Bewegung. Während sich die Sonne in den Flächen spiegelt, scheint die Schwerkraft aufgehoben. Heute ist es nur schwer vorstellbar, dass dieses typische Beispiel für kinetische Kunst einst den Zorn der Münsteraner heraufbeschworen hat.

› **Eisenman-Brunnen** (s. S. 55)

★**35** [D4] **Fassbinder,** Richard Serra (1983), Pferdegasse, im Hinterhof eines ehemaligen Adelspalais. Nach der Neugestaltung des Palais wurde das Kunstwerk 2016 hier aufgestellt. Große Stahlwände sind zu einem U zusammengestellt und korrespondieren mit der historischen Umgebung. Zugleich wird ein räumlicher Bezug zu weiteren Werken von Serra im LWL-Museum für Kunst und Kultur 3 hergestellt.

★**36** [C5] **Giant Pool Balls,** Claes Oldenburg (1977), nördliches Aaseeufer. Dass die Münsteraner Skulpturenausstellung von Beginn an auf internationale Aufmerksamkeit stieß, beweist die Tatsache, dass sich Claes Oldenburg als hervorragender Vertreter der Pop Art gleich zu Anfang beteiligte. Oldenburgs Plan bestand darin, die ganze Stadt zu einem Billardtisch zu machen und gigantische Billardkugeln zu verteilen. Letztlich wurden nur drei Kugeln am Aasee realisiert.

★**37** [E4] **Kirschensäule,** Thomas Schütte (1987), Harsewinkelplatz. Eine mächtige Säule präsentiert ein übergroßes Paar roter Kirschen. Dieses witzige Denkmal überhöht das Alltägliche und stellt den Zweck des Denkmals selbst in Frage.

★**38** [bi] **ohne Titel,** Donald Judd (1977), Aaseeufer nahe Freilichtmuseum Mühlenhof (s. S. 75). Zu sehen sind zwei große konzentrische Betonringe: Der äußere folgt der Schräge des Abhangs am Aaseeufer, der innere ist horizontal ausgerichtet wie das Wasser im See.

★**39** [A6] **Pier,** Jorge Pardo (1997), nördliches Aaseeufer. Diese Skulptur lädt zum Entspannen und Sonnenbaden ein, denn eigentlich ist sie nicht mehr als ein hölzerner Pier, der weit in den Aasee hineinragt.

★**40** [A2] **sanctuarium,** Hermann de Vries (1997), Einsteinstraße, nahe Schloss-

084ms Abb.:cg

park. Hinter dem Schlossgarten steht eine kreisförmige Mauer mit 14 Metern Durchmesser, die Hermann de Vries 1997 errichten ließ. Der Innenraum blieb unbepflanzt, schon bald aber säten sich Pionierpflanzen aus, die das „Heiligtum" füllten. Durch die Öffnungen in der Mauer kann dieser Prozess beobachtet werden.

★**41** [D4] **Study Garden,** Siah Armajani (1987), Pferdegasse. Vor der Treppe, die zur Aa herunterführt, führt links ein schmaler Weg zu dieser Skulptur. Bänke und Tische lassen eine Bibliothekssituation unter freiem Himmel entstehen.

★**42** [D4] **Unsettling the Fragments, Eagle,** Martha Rosler (2007), Rothenburg/Ecke Königsstraße. Fast geht das Kunstwerk in den Reklameflächen und Verkehrsschildern an der Ecke Rothenburg und Königsstraße unter. Und doch irritiert der Blick auf den Steineren Adler über den Köpfen der Passanten. Das Kunstwerk erinnert an die deutsche Geschichte und den Umgang mit ihr, denn das Hakenkreuz ist aus den Klauen herausgeschlagen, doch die Geschichte ist damit nicht getilgt. Bewusst wählte Rosler auch die Münster Arkaden als Standort für ihre Skulptur, denn deren Architektur erinnert an die mächtigen Bauten Albert Speers.

★**43** [D3] **Verkürzter Himmel,** Giovanni Anselmo (1987), Aaseitenweg nahe der Petrikirche 24. Wie stellt man die Weite des Himmels künstlerisch dar? Hinter der Theologischen Fakultät hat Giovanni Anselmo einen bestechenden Vorschlag gemacht, indem er mithilfe eines nüchternen Metallpfostens den Himmel um einen messbaren Abstand verkürzt.

*Während der Skulpturenausstellung 2017 tauchten diese kleinen Korkmännchen überall in der Stadt auf – Künstler unbekannt*

# Münster für Genießer

Die **westfälische Küche** ist deftig, aber keinesfalls einfallslos. In vielen Münsteraner Gaststätten werden die traditionellen Gerichte der Region immer wieder neu interpretiert und erfreuen sich großer Beliebtheit. Neben den Gaststätten mit traditioneller Küche kann man in Münster natürlich auch viele Restaurants mit **modernen** und **internationalen Gerichten** finden. Nie ist die nächste Pizzeria weit entfernt und es gibt zahlreiche lateinamerikanische, südeuropäische und asiatische Gaststätten.

## Hervorhebenswerte Restaurants

### Traditionelle Küche

**44** [F4] **Altes Gasthaus Leve** €€, Alter Steinweg 37, www.gasthaus-leve.de, Tel. 45595, geöffnet: Di–Sa 12–24 Uhr. Das Alte Gasthaus Leve ist das älteste Restaurant in Münster und besteht seit 1607. Ein Besuch lohnt sich nicht nur wegen der gepflegten westfälischen Hausmannskost, die hier serviert wird. Die liebevoll eingerichteten Räumlichkeiten mit kunstvollen Kacheln, Gemälden und alten Haushaltsgeräten ermöglichen zugleich eine Zeitreise in vergangene Jahrhunderte. Eine frühzeitige Reservierung ist empfehlenswert.

**45** [D3] **Deckenbrocks Kleiner Kiepenkerl** €€, Spiekerhof 47, Tel. 43416, www.kleiner-kiepenkerl.de, geöffnet: tgl.

### Preiskategorien

Die Preiskategorien beziehen sich auf den Preis für ein Hauptgericht ohne Getränke.

| | |
|---|---|
| € | bis 15 € |
| €€ | 15–25 € |
| €€€ | ab 25 € |

009ms Abb.: cg

11.30–23 Uhr. Traditionelle westfälische Gerichte werden im Kleinen Kiepenkerl modern und mit internationalem Touch zubereitet. Urige Einrichtung, bei gutem Wetter Außengastronomie unter dem Kiepenkerl-Denkmal. An Feiertagen und in der Weihnachtszeit ist eine Reservierung dringend geboten.

**46** [E4] **Feldmann Hotel & Restaurant** €€€, An der Clemenskirche 14, Tel. 414490, www.hotel-feldmann.de, geöffnet: Di–Sa 12–23 Uhr, So und an Feiertagen geschlossen. Feldmann bietet in gediegenem Ambiente neben der Clemenskirche gehobene Küche, die westfälische Bodenständigkeit mit internationaler Experimentierfreude verbindet.

**47** [D3] **Fischbrathalle** €€, Schlaunstraße 8, www.fischbrathalle-muenster.de, Tel. 43152, geöffnet: Di–Sa 11–15 Uhr, an Feiertagen geschlossen (Ausnahme: Karfreitag). Seit 1926 werden in der hanseatisch nüchternen Fischbrathalle um die Mittagszeit Fischgerichte serviert – gebacken, gebraten und gekocht. Wechselnde Tageskarten und saisonale Spezialitäten runden das Angebot ab.

**48** [D3] **Großer Kiepenkerl** €€, Spiekerhof 45, www.grosser-kiepenkerl.de, Tel. 40335, geöffnet: Di–So 12–21.30 Uhr. Westfälische Hausmannskost im Traditionsrestaurant. Das Kiepenkerl-Heimatbier (herb, dunkel, Weizen oder als Bowle) wird exklusiv für dieses Restaurant gebraut. Im Sommer sitzt man draußen unter dem Kiepenkerl-Denkmal.

**49** [C2] **Pinkus Müller** €€, Kreuzstraße 4–10, Tel. 45151, http://pinkus.de, geöffnet: Mo–Fr 15–24, Sa 12–24 Uhr, an Feiertagen geschlossen. Früher gab es einmal 150 Altbierbrauereien in Münster, heute ist Pinkus Müller der einzige Betrieb, der diese Tradition aufrechterhält. Seit 1816 wird hier obergäriges Bier gebraut. Überregional bekannt wurde es, weil ausschließlich Zutaten aus biologischem Anbau verwendet werden. Zum Bier werden traditionelle Gerichte serviert.

**50** [E4] **Stuhlmacher** €€, Prinzipalmarkt 6/7, Tel. 44877, www.gasthaus-stuhlmacher.de, geöffnet: Mo, Di, Do 11–23.30, Mi 10–23.30, Fr 11–0.30, Sa 10–0.30 Uhr. Traditionslokal, seit über 130 Jahren am Prinzipalmarkt. Wer etwas auf sich hält, lässt sich hier sehen – am besten an den Tischen, die im Sommer mitten auf dem Prinzipalmarkt stehen. Großes Angebot an hausgemachten westfälischen Spezialitäten.

*Rund um das Kiepenkerl-Denkmal (s. S. 52) finden sich viele Gaststätten*

*Die Aaseeterrassen locken mit dem Restaurant A2 am See und Bootsstegen*

### Moderne Küche

51 [B5] **A2 am See** €€, Annette-Allee 3, Tel. 2846840, www.a2amsee.de, geöffnet: tgl. ab 11 Uhr. Im Restaurant, im Bistro und in der Skybar mit herrlichem Blick auf den Aasee präsentiert das A2 moderne deutsche Küche. Samstags, sonntags und an Feiertagen steht ein großes Frühstücksbuffet für die Gäste bereit, am Abend werden neben einer großen Weinauswahl auch Cocktails serviert.

52 [D1] **Grotes** €€, Kampstraße 26, Tel. 274700, http://grotes.ms, Mo–Fr ab 18, Sa, So, Feiertage ab 10 Uhr. Das junge Restaurant im schicken Kreuzviertel bietet auf einer kleinen Karte klassische Gerichte in modernen Varianten. Für experimentierfreudige Gäste gibt es abwechslungsreiche Tagesgerichte.

53 [G7] **Hochstapler** €, Hafenweg 8, Tel. 28746 555, www.hochstapler-burger.de, geöffnet: Di–Do 16–24, Fr 16–2, Sa 13–2 Uhr. „Gestapelt" werden hier Burger aus frischen regionalen Produkten. Einfallsreich sind die Burger für Veganer und Vegetarier.

54 [E4] **Klemens im Stadthaus 1** €€, Klemensstraße 10, Tel. 9829474, www.klemens-muenster.de, geöffnet: Mo–Fr ab 9, Sa ab 8.30, So, Feiertage ab 9.30 Uhr. Flammkuchen, Pasta, Wiener Schnitzel, aber auch westfälische Küche – das moderne Restaurant Klemens im Stadthaus 1 hat ein vielfältiges Speiseangebot. Sehenswert ist die Fotowand mit vielen Münstermotiven. In lauen Sommernächten lockt die große Terrasse an der Klemensstraße.

MEIN TIPP

**Lokale mit guter Aussicht**

- Mit Aussicht auf den **Aasee:** A2 am See (s. oben)
- Mit Aussicht auf **Prinzipalmarkt** und **Lambertikirche:** Stuhlmacher (s. S. 80)
- Mit Aussicht auf die **Stadt:** 1648 im Stadthaus (s. S. 84), Café 21 Ost (s. S. 85)

**Gastro- und Nightlife-Areale**

Bläulich hervorgehobene Bereiche in den Karten kennzeichnen Gebiete mit einem dichten Angebot an Restaurants, Bars, Clubs, Discos etc.

### Internationale Küche

55 [C3] **Café Malik** €, Schlossplatz 44, Tel. 44210, www.cafe-malik.de, geöffnet: tgl. 9–1 Uhr. Seit über 40 Jahren ist das Café Malik bei Jung und Alt beliebt. Hier wird man von morgens bis abends versorgt. Vielfältiges veganes Angebot und große Zeitungsauswahl.

56 [H7] **Café Med** €€, Hafenweg 26a, Tel. 6749595, www.cafe-med.de, geöffnet: Mo–Fr 12–14.30 und 17.30–1, Sa,

010ms Abb.: cg

## Westfälische Spezialitäten

- **Töttchen:** Heute wird dieser westfälische Klassiker meist aus Zunge, Schulter und Brust hergestellt, indem das Fleisch mit Essig und Zwiebeln zu einem süß-sauren Ragout verkocht wird. Vor der BSE-Seuche wurden indes hauptsächlich Lunge, Herz und Niere verwendet.
- **Krüstchen:** Wer Krüstchen bestellt, erhält ein Schnitzel auf Toast mit Spiegelei.
- **Leberbrot und Wurstebrot:** In Scheiben geschnittene und gebratene Würste aus Leber, Blut und Getreide werden oft mit Apfelmus, Zwiebeln und Brot serviert.
- **Pfefferpotthast:** Hast ist Rindfleisch. Es wird im „Pott" mit Zwiebeln so lange geköchelt, bis es in seine Fasern zerfällt. Deftig mit Pfeffer gewürzt entsteht schließlich dieses westfälische Gericht.
- **Grünkohl mit Mettendchen:** Am Erbdrostenhof ist dieses Gericht in einer Verzierung unter dem Balkon auf der rechten Seite verewigt. In Westfalen wird Grünkohl mit Mettendchen (Mettwurst) serviert.
- **Altbier und Altbierbowle:** Das traditionelle Bier in Münster ist Altbier. Heute braut in der Stadt nur noch Pinkus Müller (s. S. 80) dieses Getränk. Die Münsteraner trinken ihr Altbier auch gern als Bowle mit Erdbeeren, Pfirsich oder Ananas.

So 12–1 Uhr. In der alten Speicherhalle des Hafens hat das Café Med eine italienische Oase geschaffen. Inmitten einer Mischung aus Barock und Hafenflair bietet das Lokal italienische Küche: Fisch, Fleisch und Pizza. Mit Sonnenterrasse am Kanal.

**57** [E3] **il teatrino – Ristorante – Pizzeria** €€, Neubrückenstraße 12–14, Tel. 43540, www.il-teatrino.de, geöffnet: tgl. 11.30–14.30 und 17.30–24 Uhr. Italienische Küche mit hausgemachten Nudeln gegenüber dem Theater. Eine Auswahl an 300 verschiedenen italienischen Weinen garantiert, dass zu jedem Essen das passende Getränk gefunden wird.

**58** [C4] **Le Feu** €, Schlossplatz 48, www.lefeu.de, Tel. 28719348, geöffnet: tgl. ab 12 Uhr. Flammkuchen aller Art – ob mit Speck und Zwiebeln, Ananas, Thunfisch oder Früchten: Es bleiben keine Wünsche offen. Für Menschen, die auf Weizen, Laktose und Geschmacksverstärker allergisch reagieren, bietet das Restaurant u. a. Dinkelflammkuchen und laktosefreien Belag an.

**59** **Ristorante Villa Medici** €€€, Prozessionsweg 402, Tel. 39776940, www.villa-medici-muenster.de, geöffnet: Mi–Fr, So 12–14 und ab 18, Sa ab 18 Uhr. Mehrfach als eines der besten italienischen Restaurants Deutschlands ausgezeichnet bietet die Villa Medici italienische Küche auf hohem Niveau. Feines, stilvolles Ambiente.

**60** [D4] **Vapiano** €, Königsstraße 51, Tel. 1625193, www.vapiano.de, geöffnet: tgl. 11.30–22 Uhr. Vapiano ist ein Selbstbedienungsrestaurant der etwas anderen Art. Pasta, Pizza und Salate werden vor den Augen der Gäste von den Köchen zubereitet, die die speziellen Wünsche des Gastes berücksichtigen. Abgerechnet wird über eine Chipkarte, bezahlt wird beim Verlassen des Restaurants. Vorher lohnt sich ein Blick auf die gläserne Pasta-Manufaktur, in der die Nudeln des Hauses hergestellt werden.

**61** [E2] **Vinothek am Theater** €€, Neubrückenstraße 16, Tel. 9816480, www.vinothekamtheater.de, geöffnet: Mo–Do 12–23, Fr, Sa 12–24, So

17–23 Uhr. Kleines französisches Restaurant mit einer großen Weinauswahl direkt gegenüber dem Theater. Reservierung empfehlenswert.

## Imbiss, Bistro

**62** [bf] **Currycult und Burgercult am Germania-Campus,** Dorpatweg 4–6, Tel. 2006011 (Currycult), 49048533 (Burgercult), www.currycult.com, www.burgercult.de, geöffnet: tgl. 11.30–21.30 Uhr. Als vor ein paar Jahren Currycult am Germania-Campus eröffnete, revolutionierten die Betreiber die Art und Weise, Currywurst zu essen. Hier gibt es neben der „normalen" Currywurst auch Varianten mit Schokolade. Dem benachbarten Burgercult gelingt es in gleicher Weise, den Burger auf kreative Art neu zu definieren.

**63** [D3] **Holstein's Bistro,** Am Horsteberg, Tel. 449944, www.butterhandlung-holstein.de, geöffnet: Di–Fr 11.30–19, Sa 11.30–17 Uhr. Kleine, schnelle Gerichte aus der Feinkostküche der Butterhandlung Holstein. Dazu gibt es frische Säfte und erlesene Weine des Hauses. Für den eiligen, aber anspruchsvollen Genießer.

**64** [E3] **Il Panino,** Salzstraße 61, Tel. 3278080, geöffnet: Mo–Sa 10–21, So, Feiertage 10–18 Uhr. Ein bisschen ist es wie in Italien. Im Winter sitzt man im kleinen gemütlichen Bistro, im Sommer gibt es auch Tische auf dem Lambertikirchplatz. Für den kleinen Hunger gibt es Pizzen, Pasta, Panini und Salate.

Meine Tipps

### Lecker vegetarisch

**65** [E2] **Beetschwester** € , Tibusplatz 6, Tel. 98117355, http://beetschwester.de, geöffnet: Mo–Sa ab 9.30 Uhr. Vegetarische und vegane Gerichte für den großen und den kleinen Hunger gibt es im Restaurant Beetschwester: regionale Küche mit einem Hauch Asien. Am Abend bietet das junge Restaurant eine hervorragende Auswahl an Weinen. Aber natürlich gibt es auch alkoholfreie und gesunde Getränke.

**66** [F6] **Café/Restaurant Prütt** € , Bremer Straße 32, Tel. 665588, https://pruettpionierkueche.de, geöffnet: Mo–Fr 12–22, Sa, So 10–22 Uhr. Das Café Prütt ist aus der Begegnungsstätte des Vereins Kultur, Begegnung, Ernährung e. V. hervorgegangen. Heute ist das Café mit seiner netten Atmosphäre und den mediterranen vegetarischen und veganen Gerichten sehr beliebt.

**67** [D5] **Krawummel** € , Ludgeristraße 62, Tel. 74788117, www.krawummel.de, geöffnet: Mo–Fr 11.30–22, Sa 11–22, So 12–21 Uhr. Das Krawummel ist ein junges, veganes Restaurant. Die Gäste wählen und bestellen das Essen an der Theke. Wenn das Essen fertig ist, wird man gerufen.

### Dinner for one

Wer alleine unterwegs ist, muss das in der Studentenstadt Münster nicht lange bleiben. Im **Marktcafé** (s. S. 85), im **Teilchen & Beschleuniger** (s. S. 86) oder in der **Pension Schmidt** (s. S. 85) kann man nette Leute treffen.

### Für den späten Hunger

Wer in Münster nachts etwas zu essen sucht, wird in einigen Imbiss- und Dönerbuden rund um den Bahnhof fündig. Ansonsten haben nur wenige Gaststätten bis nach Mitternacht geöffnet.

- **Café Med** (s. S. 81)
- **Cavete** (s. S. 88)
- **Das blaue Haus** (s. S. 87)
- **Marktcafé** (s. S. 85)

## Essen in der Mensa

Gutes und preiswertes Mittagessen gibt es in den Mensen des **Studentenwerks Münster.** Man muss kein Student sein, um die Mensen und Bistros, die in der ganzen Stadt verteilt sind, nutzen zu können. Auch wenn Nicht-Studenten einen höheren Preis bezahlen, ist das Mensa-Essen immer noch sehr günstig. Und das Schöne daran: Es schmeckt auch gut.

Die Speisepläne werden online unter https://muenster.my-mensa.de veröffentlicht. Die Apps Mensa Münster und WWU Campusplan informieren ebenfalls über die Speisepläne und zeigen die Lage der Mensen an. Im Innenstadtbereich gibt es folgende:

- 68 [C4] **Bispinghof,** Bispinghof 9–14, geöffnet: Mo–Fr 7.45–15 Uhr (Speisenausgabe 11–14.30 Uhr)
- 69 [A7] **Bistro Frieden,** Scharnhorststraße 100, geöffnet: Mo–Do 8–14.30 Uhr (Warmspeisenausgabe 11.30–14 Uhr), Fr 8–14 Uhr (Warmspeisenausgabe 11.30–13.45 Uhr)
- 70 [D4] **Bistro KaBu,** Domplatz 21, geöffnet: Mo–Do 8.30–16 Uhr (Warmspeisenausgabe 11–14.30 Uhr) Fr 8.30–14.30 Uhr (Warmspeisenausgabe 11–14 Uhr), in den Semesterferien eingeschränkte Öffnungszeiten
- 71 [C4] **Bistro Oeconomicum,** Universitätsstraße 14–16, geöffnet: Mo–Fr 7.30–18 Uhr (Warmspeisenausgabe 11–16 Uhr)
- 72 [C6] **Mensa am Aasee,** Bismarckallee 11, geöffnet: Mo–Fr 7–21.30 Uhr (Speisenausgabe 11.45–14.30, Abendbuffet 17.30–21.30 Uhr), Sa 11–15 Uhr (Speisenausgabe 12–14.30 Uhr)

› **Apps:** „Mensa Münster und Steinfurt“ (kostenlos für iOS) bzw. „Mensa Münster“ und „WWU Campusplan“ (beide kostenlos für Android)

## Biergärten

In Münster sitzt man gern draußen. Besonders schön ist es am **Domplatz** 2 beim Marktcafé (s. S. 85), auf dem **Prinzipalmarkt** 4 (z. B. im Stuhlmacher, s. S. 80) und am **Spiekerhof** [D3], wo die Tische der beiden Gaststätten Großer Kiepenkerl und Deckenbrocks Kleiner Kiepenkerl (s. S. 80 und S. 79) auf dem Platz stehen. Klassische Biergärten sind hingegen rar.

- 73 **Landgasthof Pleister Mühle,** Pleistermühlenweg 196, Tel. 136760, www.pleistermuehle.de, geöffnet: Mo, Do, Fr 17–22.30, Sa, So 12–21.30 Uhr. Etwas außerhalb der Stadt an den schönen Ufern der Werse findet man den Landgasthof Pleister Mühle. Gute, traditionelle Küche. Im Sommer gibt es einen schönen Biergarten mit Minigolfanlage.
- 74 [C5] **Spatzl Wirtshaus,** Am Stadtgraben 52, Tel. 46387, www.spatzl-wirtshaus.de, geöffnet: tgl. 12–1 Uhr. Wo sich einst eine alte westfälische Kneipe befand, geht es nun bayrisch zu. Besonders der Biergarten ist urgemütlich.

## Cafés

- 75 [E4] **1648,** Stadthaus 1, Heinrich-Brüning-Straße 5, Tel. 686041648, https://16-48.de, geöffnet: Mo–Sa 10–18 Uhr. Mit der Renovierung des Stadthaus 1 wurde Münster um eine neue Attraktion reicher, die Touristen und Einheimische gleichermaßen begeistert: In der obersten Etage des Hochhauses werden morgens Frühstück, mittags kleine Gerichte und nachmittags Kaffee und Kuchen serviert. Hier gibt es auch die Torten aus der Münsteraner Traditionskonditorei Grotemeyer.
- 76 [F5] **Alexianer Waschküche,** Bahnhofstraße 6, Tel. 9731027500, https://waschkueche.alexianer.de, geöffnet:

Mo–Sa 9–19, So 9.30–14 Uhr. Die Alexianer Waschküche ist Waschsalon, Bistro und Veranstaltungsort in einem. Nachdem man die schmutzige Wäsche in die Waschmaschinen gefüllt hat, wird man mit Frühstück, Brunch und Mittagstisch aus biologischen und fair gehandelten Produkten bestens versorgt. Regelmäßig stattfindende Kunstausstellungen und Konzerte lassen keine Langeweile aufkommen. Zur freundlichen und aufgeschlossenen Atmosphäre trägt auch die Tatsache bei, dass die Waschküche ein Integrationsbetrieb ist: Hier arbeiten Menschen mit und ohne Behinderung zusammen.

› **Café 21 Ost,** im Universitätsklinikum Münster (s. S. 121), www.ukm.de/21-ost. Der Name verrät den Ort, an dem man dieses besondere Cafe findet: in der 21. Etage im Ostturm des Universitätsklinikums. Natürlich sind es viele Patienten und ihre Angehörigen, die hier bei Kaffee, Kuchen und kleinen Snacks die spektakuläre Aussicht über die Stadt genießen. Doch das Café ist ausdrücklich für alle Besucher geöffnet. Ganz nebenbei bekommt man auf dem Weg zum Café einen Einblick in die Krankenhausarchitektur der 1970er- und 1980er-Jahre.

77 [E3] **Café Colibri,** Alter Steinweg 11, Tel. 40143, geöffnet: Mo–Fr 9–19, Sa 9–18 Uhr. Das Café Colibri ist in die Stadtbücherei integriert und bietet in modernem Ambiente eine typische Kaffeehauskarte mit Frühstück, Kuchen und Torten sowie Suppen und anderen kleinen Snacks zu fairen Preisen.

78 [E3] **Cafe Liebigs am Drubbel,** Drubbel 19, Tel. 43513, geöffnet: Mo–Fr 9–20, Sa 9–19, So 10–18 Uhr. Modernes, kleines Café im Schatten der Lambertikirche. Im Sommer werden Stühle und Tische auf den breiten Bürgersteig am Drubbel gestellt. Ein guter Platz, um das Leben in Münster zu beobachten.

79 [D4] **Marktcafé,** Domplatz 6–7, Tel. 4842300, www.marktcafe-ms.de, geöffnet: Mo–Fr 9–1, Sa 8–1, So, Feiertage 10–1 Uhr. Direkt am Marktplatz gelegen ist das Marktcafé ein beliebter Treffpunkt. Eine große Kuchenauswahl, Eis, aber auch leichte Gerichte und Flammkuchen stehen auf der Speisekarte. Regelmäßige Sportübertragungen auf Großleinwand.

80 [E1] **Nachtisch,** Kanalstraße 30, Tel. 13467739, www.nachtisch.ms, geöffnet: Di–So 9.30–18 Uhr. Liebhaber des gepflegten Desserts werden das Café lieben. Hier kann man sogar ein 4-Gänge-Menü bestellen, dessen einzelne Gänge aus den in offener Küche zubereiteten Dessertkreationen bestehen.

81 [E4] **Pain et gateau,** Michaelisplatz 9, 4828483, www.krimphove.de/pain-et-gateau.php, geöffnet: Mo–Sa 8–19, So 9–17 Uhr. Münsters Traditionsbäcker Krimphove hat mit dem Pain et gateau ein Stück Frankreich ins Münsterland gebracht. In angenehmer Atmosphäre, die an eine französische Boulangerie und Patisserie erinnert, werden unter anderem französisches Süßgebäck und herzhafte Tartes serviert.

82 [F4] **Pension Schmidt,** Alter Steinweg 37, www.pensionschmidt.se, Tel. 9795705026, geöffnet: tgl. ab 10 Uhr bis open end. In der Pension Schmidt gibt es keine Zimmer zum Übernachten, dafür aber jede Menge Kaffee und Kuchen, Weine und Cocktails, Konzerte und Lesungen. In kurzer Zeit wurde das Café so zum beliebten Szenetreff.

83 [ci] **Tante August,** Augustastraße 20, Tel. 39456573, www.facebook.com/TanteAugust, geöffnet: Mo–Do 10–18, Fr–So 10–20 Uhr. Omas Wohnzimmer, leckeren Kuchen, Kaffee, Tee und alkoholische Getränke gibt es bei „Tante August“. Viele Studenten lieben das Flair und die Atmosphäre dieses netten Cafés, das sich etwas außerhalb

der Innenstadt, aber dafür mitten im Studentenviertel befindet.

**84** [G5] **Teilchen & Beschleuniger,** Wolbecker Straße 55, Tel. 39505786, http://teilchenundbeschleuniger.de, geöffnet: tgl. 8.30–24 Uhr. Bei Kaffee und Bagels versinkt man in gemütlichen Sesseln und Sofas, die die Betreiber beim Sperrmüll und auf Flohmärkten entdeckt haben. Bekannt wurde das Szenecafé weit über die Grenzen von Münster hinaus durch Konzerte und Veranstaltungen, in denen Gäste beispielsweise aus ihren Tagebüchern oder Briefwechseln vorlesen.

*Wo einst Frachtgut verladen wurde, befindet sich heute ein beliebtes Szeneviertel*

# Münster am Abend

Dass Münster eine **Studentenstadt** ist, macht sich natürlich auch am Nachtleben bemerkbar. Neben zahllosen **Bars, Kneipen** und **Cafés** gibt es gleich eine ganze Reihe von **Diskotheken,** in denen die Nacht zum Tage wird. Besonders voll wird es am Mittwochabend. Wer es indes „ruhiger" mag, findet in Münster am Abend auch ein großes Angebot an **Konzerten, Theateraufführungen** und anderen Veranstaltungen.

› **Informationen** über Veranstaltungen, Termine und Locations geben die kostenlosen Stadtblätter Na dann, Die Wochenschau und Ultimo. Im Internet führen www.studenta.de und www.nadann.de durch das Münsteraner Nachtleben.

089ms Abb.: ©ralfspangenberg, stock.adobe.com

## Bars, Kneipen, Discos

### Kuhviertel

Um die Überwasserkirche 21 bildete sich im 11. und 12. Jh. eine Kaufmannssiedlung und da hier vor allem Viehhandel betrieben wurde, trägt das Viertel noch heute den Namen Kuhviertel. Im 19. und frühen 20. Jh. lebten hier vor allem Handwerker und Kleinbürger, bevor es nach dem Zweiten Weltkrieg von den Studenten entdeckt wurde. Bis heute gehört das Areal zu den beliebten Ausgehmeilen der Münsteraner Studierenden. Eine Reihe von Kneipen gibt es in der Kreuzstraße, u. a. die **Cavete** (s. S. 88) und das **Blaue Haus,** und nur wenige Meter entfernt befinden sich in der Jüdefelderstraße weitere Szenekneipen.

**85** [C2] **Barzillus,** Jüdefelderstraße 41, Tel. 519997, geöffnet: Mo–Sa ab 20 Uhr. Szenekneipe auf kleinem Raum mit einem großen Angebot an Cocktails und anderen alkoholischen Getränken. Meist rappelvoll.

**86** [C2] **Das blaue Haus,** Kreuzstraße 16, Tel. 42151, www.blaue-haus-muenster.de, geöffnet: tgl. ab 12 Uhr. Neben der Cavete (s. S. 88) gehört das Blaue Haus zu den alten Studentenkneipen in Münster, die nichts von ihrem Charme verloren haben. Noch immer verbringen hier vorzugsweise Studenten bei Altbier und kleinen Gerichten ihre Abende.

**87** [C2] **Gorilla Bar,** Jüdefelderstraße 54, Tel. 4882188, www.gorilla-bar.de, geöffnet: Mo–Do 20–2, Fr, Sa 20–3 Uhr. Beliebte Bar mit gemischtem Publikum. Regelmäßig Livekonzerte und andere Events, oft ist es voll und eng.

**88** [C2] **Peacock Lounge,** Jüdefelderstraße 36, www.facebook.com/PeacockMS, geöffnet: Mi–Sa ab 20 Uhr. Cocktailbar mit chilliger Musik.

### Hafen und Hawerkamp

1899 wurde der **Dortmund-Ems-Kanal** eingeweiht und damit erhielt Münster endlich eine Wasserverbindung zur Nordsee. Der Hafen spielte eine wichtige Rolle für die Entwicklung der Stadt. Heute haben Kultureinrichtungen und Gaststätten das Gebiet des Hafens erobert – eine spannende Mischung aus **umgebauten Speicherhäusern** und **moderner Architektur,** die als Kulisse für das kreative Leben dient. Hier gibt es Lokale, Kneipen und Clubs. Nicht zuletzt haben viele Künstler und Kreative hier ein Zuhause gefunden. So ist der Hafen noch immer ein wenig Münsters Tor zur Welt geblieben …

**89** [di] **Amp,** Am Hawerkamp 1, Tel. 39630736, www.amp-ms.de, geöffnet: Fr, Sa ab 23.59 Uhr. Der Club am

Mein Tipp

## Cavete Münster!

1959 eröffnete in der Kreuzstraße die „Akademische Bieranstalt Cavete Münster!" – bis heute wird die Kneipe nur kurz Cavete genannt. Ein Jahr zuvor hatte der Student **Wilfried Weustenfeld** in der Studentenzeitung Semesterspiegel unter der Überschrift „Cavete Münster!" (Meidet Münster) davor gewarnt, in Münster zu studieren. Münster sei ein „tristes Kaff" und „Spießbürger-Eldorado", schrieb Weustenfeld. Vor allem aber gäbe es keine **Studentenkneipe.**

Der kritische Beitrag schlug hohe Wellen. Bald reisten die Münsteraner Studenten **Lothar Weldert** und **Werner Otto Jedamzik** durch Deutschland und „studierten" in anderen Universitätsstädten, wie eine Studentenkneipe aussehen und betrieben werden könnte – der Rektor der Münsteraner Universität hatte diese Kundschafter der Kneipenkultur mit 300 DM zur Deckung der Reisekosten ausgestattet. Die Germania-Brauerei bot schließlich eine leer stehende Kutscherkneipe als Lokal an.

„Die Nöte der Studenten beschäftigten ganz Münster", erinnerte sich Karin Weldert, die Witwe des Kneipengründers, im Jahr 2001, „alle wollten helfen, alte Omas spendeten Einrichtungsgegenstände, Studenten arbeiteten auf der Baustelle zusammen mit Strafgefangenen und wurden von Damen der Münsteraner Gesellschaft mit Essen versorgt. Professor Klemm, der berühmte Chemiker und Nobelpreisanwärter und damaliger Prorektor der Universität, kletterte sogar auf das Dach, um zu sehen, ob es auch regendicht sei und die Brauerei nicht auf Kosten der Studenten gespart habe."

Endlich hatte Münster eine Studentenkneipe. Das Kuhviertel wurde in den folgenden Jahren zum beliebten Studentenviertel und ist es bis heute geblieben.

**90** [D2] **Cavete,** Kreuzstraße 37/38, Tel. 4143516, www.muenster-cavete.de, geöffnet: Mo–Fr ab 17, Sa ab 11 Uhr. In uriger Atmosphäre werden in Münsters ältester Studentenkneipe kleine Gerichte serviert. Besonders empfehlenswert sind die hausgemachten Nudeln.

012ms Abb.: cg

Hawerkamp zählt zu den wichtigsten Partylocations der Stadt. Musikalisch gibt es v. a. Indie, Elektro und Hip-Hop.

**91** [di] **Coconut Beach,** Am Hawerkamp 29, Tel. 481690, www.coconut beach.de, geöffnet: im Sommer bei gutem Wetter Mi–Fr 17–2, Sa 15–2 Uhr. Open-Air-Partys am Strand – auch das gibt es am Hafen. 400 Tonnen Sand, Palmen, Sonnenliegen und Cocktails sorgen dafür, dass schnell echte Urlaubsstimmung aufkommt.

**92** [di] **Fusion Club,** Am Hawerkamp 31, Tel. 481690, www.fusion-club.de. Für Techno-Fans unter 30 Jahren ist der Fusion Club eine angesagte Adresse.

**93** [di] **Heaven Beachhouse,** Am Hawerkamp 29a, Tel. 6090585, www.heaven-muenster.de. Angesagte Partylocation, in der DJs die beste Musik auflegen: von House und Elektro über Charts, Hip-Hop und Black Music bis hin zu Soul. Fr und Sa 18–22 Uhr BBQ auf der Terrasse.

**94** [H7] **Hot Jazz Club,** Hafenweg 26b, Tel. 68667908, www.hotjazzclub.de, geöffnet: im Sommer Mo–Sa ab 18, So ab 15, Küche 19–22 Uhr, im Winter Mo–Sa erst ab 19 Uhr. Der Hot Jazz Club wurde erst im Jahr 2000 am Hafen eröffnet, doch schon jetzt ist er legendär. Nahezu alle Größen der Jazzmusik sind hier bereits aufgetreten. Aber auch Nachwuchskünstler haben die Chance, auf der „Newcomer Stage“ ihr Können zu beweisen.

**95** [cj] **Skaters Palace Münster,** Dahlweg 126, Tel. 52000555, www.skaters-palace.de. Der Skaters Palace ist tagsüber eine große Skatehalle. Abends stehen Musiker wie Turnstile und Leoniden auf der Bühne und machen das Skaters Palace zu einer angesagten Location.

*Die Kreuzstraße im Kuhviertel mit der Cavete, der ältesten Studentenkneipe der Stadt*

**96** [di] **Sputnikhalle,** Am Hawerkamp 31, Tel. 662062, www.sputnikhalle.de. In der alten Industriehalle wird vor allem die etwas härtere, schnellere und lautere Musik aufgelegt.

## Theater

In Münster gibt es mehrere Theater. Neben dem „großen“ Stadttheater haben sich kleinere, alternative Projekte etabliert, die die Theaterlandschaft in Münster beleben und bisweilen durcheinander wirbeln.

**97** [D4] **Boulevard Theater Münster,** Königsstraße 12, Tel. 4140400, http://boulevard-muenster.de. Das private Boulevard Theater der Schauspielerin und Regisseurin Angelika Ober zeigt im kleinen Theatersaal eigene Inszenierungen. Zudem gibt es Gastspiele und Kabarettveranstaltungen. Die Vorstellungen sind schnell ausverkauft.

**98** [F5] **GOP Varieté Münster,** Bahnhofstraße 20–22, Tel. 4909090, www.variete.de. Bunte Bühnenshows mit Akrobatik und Comedy erleben Besucher im GOP Varieté in der Bahnhofstraße. Vor den Veranstaltungen bietet das hauseigene Restaurant showbezogene Menüs.

**99** [dg] **Pumpenhaus,** Gartenstraße 123, Kartenreservierung: Tel. 233443, www.pumpenhaus.de. Das Pumpenhaus hat zwar seit 1999 kein eigenes Ensemble mehr, doch mit den wechselnden internationalen Gastspielen gehört es zu den interessantesten Spielstätten in Münster.

**27** [E3] **Theater Münster.** Das städtische Theater wurde lange unter dem Namen „Städtische Bühnen“ geführt und bietet in fünf Sparten ein vielfältiges Programm (s. S. 52).

**100** [G7] **Wolfgang Borchert Theater,** Am Mittelhafen 10, www.wolfgang-borchert-theater.de, Tel. 40019, Kassenzeiten: Mo–Fr 10–13 und

007ms Abb.: Presseamt Münster©Tilman Roßmöller

14–18 Uhr, Abendkasse eine Stunde vor Beginn der Vorstellung. Das Wolfgang Borchert Theater am Hafen ist ein privates Theater mit festem Ensemble, das vor allem durch seine modernen Inszenierungen von klassischen Stücken für Aufsehen sorgt.

MEIN TIPP

### Shop 'n' Stop

Die Gebäude am Alten Fischmarkt/ Ecke Voßgasse [E3] setzen einen modernen Akzent im Stadtbild. Im Innenhof stellt u. a. eine französische Crêperie seine Tische auf – eine gute Möglichkeit für eine kulinarische Pause.

101 [E3] **Maison Morel,** Alter Fischmarkt 11a

## Münster zum Stöbern und Shoppen

Es gibt wohl kaum einen Konsumwunsch, der sich in Münster nicht erfüllen ließe. Der **Prinzipalmarkt** 4 ist seit Jahrhunderten die erste Adresse der Stadt und wohl die schönste Flaniermeile. Hier und in den angrenzenden Straßen, dem **Roggenmarkt** [E3] und der **Rothenburg** [D4], gibt es vor allem Geschäfte, die zahlungskräftigen Kunden exquisite Kleidung, Schuhe, Schmuck, Kunst und Einrichtungsgegenstände offerieren.

Für den normalen Geldbeutel sind **Salzstraße** 9 und **Ludgeristraße** [E4/5] interessanter. Neben den bekannten Markengeschäften und Filialen befinden sich hier mit Karstadt (Salzstraße) und Galeria (zwischen Ludgeristraße und Stubengasse) trotz Fusion noch zwei große Kaufhäuser. Das Einkaufszentrum **Münster Arkaden** 16 am Beginn der Ludgeristraße und die Wohn- und Geschäftshäuser an der **Stubengasse** 17 sowie im benachbarten **Hanse-Carré** sind Anziehungspunkt für Kauflustige.

## Märkte

› **Biomarkt am Dom**, Domplatz 2, www.oekomarkt-ms.de, geöffnet: Fr 12–18 Uhr. Ausschließlich ökologisch erzeugte Produkte werden auf dem Biomarkt am Domplatz angeboten. Auch wenn der Markt deutlich kleiner ist als sein großer Bruder am Mittwoch und Samstag, so gibt es doch ein großes Angebot und einige Spezialitäten wie Ziegen- und Schafskäse, Brot aus regionalem Getreide und je nach Saison regionale Gemüseraritäten wie Topinambur oder Steckrüben.

**102** [B3] **Flohmarkt auf der Promenade,** Schlossplatz, www.flohmarkt-muenster.de, geöffnet: Mai–September an jedem 3. Samstag des Monats 8–16 Uhr. Wenn der große Flohmarkt auf der Promenade 29 vor dem Schloss stattfindet, darf gefeilscht und gehandelt werden. Schnäppchenjäger und Raritätensammler kommen gleichermaßen auf ihre Kosten. Doch hier gilt: Der frühe Vogel fängt den Wurm.

› **Markt am Dom,** Domplatz 2, www.wochenmarkt-muenster.de, geöffnet: Mi, Sa 7–14.30 Uhr. Mittwochs und samstags herrscht auf dem Domplatz buntes Treiben, denn dann findet der Markt statt und der Platz wird zum schönsten Ort in Münster. Über 150 Stände bieten ihre Waren feil: Gemüse und Obst, Fleisch und Fisch, kulinarische Spezialitäten, Blumen und Kunsthandwerk. Um den Marktbummel nach einem Einkauf unbeschwert fortsetzen zu können, kann man seine Einkaufstaschen im sogenannten Taschenwagen bis 16 Uhr kostenlos aufbewahren lassen. Preiswert und gut isst man an den Imbissständen auf dem Markt zu Mittag. Mehrere Stände mit teilweise überdachten Sitzmöglichkeiten laden zudem zum Kaffeegenuss ein.

*Der Prinzipalmarkt 4 ist Einkaufsstraße, Flaniermeile und Münsters gute Stube*

*Beim Flohmarkt auf der Promenade ist manches Schnäppchen zu entdecken*

## Buchläden

103 [E4] **Ringold,** Ringoldsgasse 1, Tel. 43323, www.ringold.de, geöffnet: Mo–Fr 9.30–18.30, Sa 9.30–14 Uhr. Der Schwerpunkt dieser kleinen, inhabergeführten Buchhandlung liegt auf theologischer Fachliteratur. Daneben lässt sich aber im liebevoll zusammengestellten Sortiment auch in anderen Fachgebieten und bei der Belletristik so manche Entdeckung jenseits des Mainstream machen.

104 [D4] **Rosta Buchladen,** Aegidiistr. 12, Tel. 44926, www.rosta-online.de, Mo–Fr 10–18.30, Sa 10–15.30 Uhr. Der kleine Buchladen verfügt über eine sorgfältige Auswahl alternativer, gesellschaftskritischer Literatur.

105 [E3] **Schatzinsel,** Neubrückenstraße 72, Tel. 4844880, www.buchhandlung-schatzinsel.de, Mo–Fr 9.30–19, Sa 9.30–18 Uhr. Die Schatzinsel hat sich auf Kinderbücher spezialisiert und bietet für junge und jung gebliebene Leser alles, was das Herz und Hirn begehren.

008ms Abb.: cg

### Shoppingareale

Die wichtigsten Shoppingbereiche der Stadt sind im Kartenmaterial mit einer rötlichen Fläche markiert.

106 [E4] **Thalia,** Salzstraße 56, Tel. 418600, www.thalia.de, geöffnet: Mo–Sa 9.30–20 Uhr. Das Buchhandelsunternehmen Thalia betreibt in Münster zwei Filialen, eine in der Salzstraße („Poertgen-Herder – Haus der Bücher") und eine in den Münster Arkaden 16 (Ludgeristraße 100). Hier findet man ein großes, auf das breite Publikum abgestimmtes Angebot.

## Einrichtung

107 [D3] **Herlitzius,** Bogenstraße 8, Tel. 56046, www.carlherlitzius.de, geöffnet: Mo–Fr 10–18.30, Sa 10–16 Uhr. Herlitzius ist *die* Messerschmiede in Münster. Nur 33 m² ist das Geschäft groß, und doch werden hier über 10.000 Messer und fast ebenso viele weitere Küchenhelfer präsentiert.

108 [E4] **Kösters,** Prinzipalmarkt 27, Tel. 414230, www.koesters-wohnkultur.de, geöffnet: Mo–Fr 10–19, Sa 10–18 Uhr. Das „Haus für Wohnkultur" bietet alles, was man für die gepflegte Wohnkultur braucht: Porzellan, Glas, Accessoires, Einrichtungsgegenstände, Küchenhelfer und vieles mehr.

## Feinkost

109 [D5] **Aux Chocolats,** Königsstraße 46, Tel. 48820800, www.aux-chocolats.de, geöffnet: Mo 14–17, Di–Sa 10–17 Uhr. In dem kleinen, aber

feinen Laden an der Königsstraße werden schmackhafte Schokoladen französischer Chocolatiers verkauft.

**110** [D3] **Butterhandlung Holstein,** Bogenstraße 10, www.butterhandlung-holstein.de, Tel. 44944, geöffnet: Mo 15–19, Di–Fr 10–19, Sa 9–17 Uhr. Über 18 Meter lang ist die Delikatessentheke der Butterhandlung Holstein. Seit den 1920er-Jahren werden hier erlesene Feinkost und ausgefallene Delikatessen verkauft. In der kleinen Seitengasse Am Horsteberg befindet sich Holstein's Bistro (s. S. 83).

**111** [E4] **Cheese & More,** Prinzipalmarkt 13, Tel. 0175 3777722, https://henriwillig.com, geöffnet: Mo–Sa 10–18 Uhr. Das Unternehmen Henri Willig, ein großer Käsehändler aus den Niederlanden, ist auch in Münster vertreten. Direkt am Prinzipalmarkt steht eine große Auswahl unterschiedlicher Käsesorten zum Verkauf.

**112** [D1] **Feinkost Christoph Jauch,** Hoyastraße 2a, Tel. 273673, geöffnet: Mo–Fr 10–18 Uhr. „Das Leben ist zu kurz für schlechtes Essen!" – dieses Motto lebt Christoph Jauch mit seinem persönlich geführten Feinkostladen mitten im Kreuzviertel. Seit Langem eine Institution.

**113** [E7] **Marmeladenmanufaktur,** Blücherstraße 16, Tel. 3226075, www.die-marmeladenmanufaktur.de, geöffnet: Di–Fr 10–18, Sa 10–13 Uhr. Marmeladen für Genießer und Feinschmecker bietet die Marmeladenmanufaktur. Aus feinsten regionalen Zutaten werden ausgefallene Brotaufstriche, Sirupe und Fruchtsoßen hergestellt und verkauft. Hier gibt es einfallsreiche Kreationen, die man im Supermarkt nicht finden (und vermutlich auch gar nicht erst suchen) würde: Aceto-Balsamico-Gelee, Saure-Kirsche-Marmelade mit Espresso oder Kürbis-Kokos-Marmelade mit Orange.

**114** [F4] **Violas' Gewürze & Delikatessen,** Salzstraße 26, Tel. 98292827, www.violas.de, geöffnet: Mo–Fr 10–19, Sa 10–18 Uhr. Salz ist nicht gleich Salz, und auch bei Pfeffer oder Curry gibt es unzählige Varianten zu entdecken. Das Spezialgeschäft in der Salzstraße nimmt die Kunden mit auf eine spannende Reise in die Welt der Gewürze.

**115** [bf] **Zedler's Genuss Company,** Dorpatweg 6–8, Bus 15 und 16 (Haltestelle Germania Campus), Tel. 1627493, www.tabak-zedler.de, geöffnet: Mo–Fr 8–19, Sa 8–18 Uhr. Auf den ersten Blick ein recht gewöhnlicher Tabakladen, doch sobald man das Geschäft am Germania Campus betritt, präsentiert sich eine vorzügliche Auswahl an Single Malt Whiskys und anderen Spirituosen aus aller Welt. Dazu gibt es eine große Auswahl an Pfeifentabak, Zigarillos, Zigarren und schließlich finden sich in Zedler's Genuss Company auch einige exklusive Brotaufstrichsorten.

## Kinder

**116** [D4] **leevje**, Rothenburg 48, Tel. 37401853, geöffnet: Mo–Sa 10–18 Uhr. leevje ist ein deutsches Unternehmen mit Sitz in Münster, das nachhaltige Mode – vor allem, aber nicht nur – für Kinder produziert. leevje betreibt ein Geschäft an der Rothenburg im Herzen der Stadt.

**117** [E3] **Mukk – Das Kinderkaufhaus,** Alter Fischmarkt 12, Tel. 97959519, www.mukk.de, geöffnet: Mo–Sa 10–19 Uhr. Im Erdgeschoss des Quartiers „Alter Fischmarkt" residiert das Kinderkaufhaus Mukk. Auf über 3000 m² Fläche ist es eines der größten Geschäfte dieser Art in Deutschland. Für Kinder ein Paradies – und auch mancher Erwachsener soll schon in dieser Spielewelt „versunken" sein.

*Die Salzstraße (9) gehört zu den wichtigsten Einkaufsstraßen der Stadt*

## Mode und Schmuck

118 [D4] **Creole Schmuck,** Rothenburg 46, Tel. 45303, www.creole-schmuck.de, geöffnet: Mo–Fr 10–19, Sa 10–19 Uhr. Creole – das steht in Münster für modernen Modeschmuck. Im angeschlossenen Studio werden Piercings gestochen.

119 [C3] **Dein Kreativregal,** Überwasserstraße 22, Tel. 0151 08823471, www.dein-kreativregal.de, geöffnet: Di–Fr 13–18.30, Sa 11–16 Uhr. Handgemachte Taschen, Schmuck, Mode, Wohnaccessoires und vieles mehr aus Münster gibt es bei Dein Kreativregal. Menschen mit kreativen Ideen können die Regalfächer, Kleiderständer u. v. m. für die Präsentation ihrer Ware mieten. Die Kunden freuen sich über ein ausgefallenes Angebot, dass es sonst nirgends zu kaufen gibt.

120 [F4] **Hutmoden Schmedes,** Salzstraße 36, Tel. 43297, www.hutmoden-schmedes.de, geöffnet: Mo–Fr 11–18, Sa 10–16 Uhr. Seit 1881 fertigt Schmedes elegante Hüte für den Mann und die Frau und bietet in der Salzstraße ein feines Sortiment zum Verkauf an. Schmedes bildet aus und trägt damit dazu bei, dass der Hutmacherberuf auch in Zukunft fortlebt.

121 [E4] **Lui,** Rothenburg 51, Tel. 518342, www.luimuenster.de, geöffnet: Mo–Fr 10–19, Sa 10–18 Uhr. Feine italienische Mode für den Mann bieten Vito Signorello und Joey Yilmaz seit 1984 unter dem Namen Lui. Die exklusiven Kollektionen umfassen Anzüge und Kombinationen, Schuhe und Oberhemden.

122 [D4] **Malefiz,** Rothenburg 45, Tel. 44112, www.malefiz-shop.de, geöffnet: Mo–Fr 10–19, Sa 10–18 Uhr. Bei Malefiz ist individuelle und kreative Mode von über dreißig jungen Labels zu finden. Daneben bietet das Geschäft eine große Auswahl ausgefallener Schuhe – darunter Outdoor-, Reitsport- und modische Schuhe vom hauseigenen Label HoBo.

123 [E4] **Petzhold,** Prinzipalmarkt 5, Tel. 417070, www.petzhold.de, geöffnet: Mo–Sa 9.30–19 Uhr. Das traditionsreiche Modehaus am Prinzipalmarkt präsentiert sich in modernem Ambiente – mit einer großen Auswahl an Herren- und Damenmode, Wäsche und mehr.

124 [D5] **Titus Rollsport,** Königsstraße 32–33, Tel. 144990, www.titus.de, geöffnet: Mo–Do 11–19, Fr, Sa 10–19 Uhr. Ein Eldorado für Jugendliche und Junggebliebene ist das Kaufhaus Titus. Gegründet vom Münsteraner Titus Dittmann, der in den 1980er-Jahren das Skateboard in Deutschland populär machte, ist das Kaufhaus an der Königsstraße Zentrale der Dittmann'schen Skateboardwelt.

125 [E4] **Zumnorde,** Prinzipalmarkt 34, Tel. 20290, www.zumnorde.de, geöffnet: Mo–Fr 10–19, Sa 9.30–19 Uhr. Im größten Schuhhaus von Münster gibt es nicht nur eine große Auswahl an Schuhen, für Kinder führt seit Jahrzehnten eine Holzrutsche vom Erdgeschoss in den Keller. Schon so manche Eltern, die heute bei Zumnorde die Schuhe für sich und ihre Kinder kaufen, sind in jungen Jahren selbst auf dieser Rutsche hinabgesaust.

## Musik

126 [E5] **andrä. der CD-Markt,** Verspoel 21, Tel. 4829010, www.cd-andrä.de, geöffnet: Mo–Sa 10–20 Uhr. Musik auch jenseits der Top 10 bietet der CD-Markt andrä. Eine sorgfältige Auswahl an aktuellen Tonträgern wird von Klassikern, Raritäten und Schnäppchen zu günstigen Preisen ergänzt.

127 [F6] **Poptanke,** Bremer Straße 27, Tel. 5395360, www.poptanke.de, geöffnet: Mo–Fr 10–18.30, Sa 12–16 Uhr. Anders als der Name vermuten

lässt, kann man sich in der Poptanke nicht nur mit Popmusik versorgen – auch andere Musikrichtungen sind vertreten: vom Rock über Indie, NDW, Reggae, Hip-Hop, Jazz, Metal, Blues und Country bis hin zum Chanson. DVDs mit Filmen und Serien sowie eine Auswahl an Büchern runden das Angebot ab.

## Souvenirs und Mitbringsel

**128** [D4] **Kontor Schreibtischkultur,** Rothenburg 31, Tel. 4844993, www.kontor-schreibtischkultur.de, geöffnet: Mo–Sa 10–19 Uhr. Das liebevoll geführte Geschäft bietet alles, was die Arbeit am Schreibtisch zu einem Vergnügen macht. Hochwertige Schreibgeräte, exquisites Papier und mehr.

**129** [D4] **Luftschloss,** Rothenburg 37, Tel. 40940, www.luftschloss-muenster.de, geöffnet: Mo–Fr 10.30–18.30, Sa 10.30–17 Uhr. Krimskrams, Gartenzwerge, Plüsch und Kitsch: Im Luftschloss gibt es alles, was das Herz begehrt. Das Sortiment wird mit Sorgfalt, Liebe und einem gehörigen Schuss Humor zusammengestellt.

**130** [E3] **Mein Münster – der kleine Laden,** Alter Fischmarkt 22, Tel. 74849865, www.meinmuenster.ms, geöffnet: Mo–Sa 10–18.30 Uhr. T-Shirts, Mützen, Bücher, Stadtpläne und allerhand Nützliches und manch Unnützliches mit Münsterbezug. Auch Fußballfans von Preußen Münster werden hier fündig.

**131** [E4] **Münster Souvenirs,** Heinrich-Brüning-Str. 6, Tel. 9816003, www.muenster-souvenirs.de, geöffnet: Mo–Sa 10–18 Uhr. Vom Frühstücksbrett bis zum Flickzeug für den Fahrradschlauch – Münster Souvenirs präsentiert eine breite Auswahl an Mitbringseln für die Daheimgebliebenen. Die gute Auswahl an Literatur aus und über Münster rundet das Angebot ab.

**132** [F4] **Papiertiger,** Klosterstraße 1, Tel. 518922, geöffnet: Mo–Fr 10–19, Sa 10–18 Uhr. Schönes Papier, stilvolle Schreibgeräte und alles, was rund um den Schreibtisch nicht fehlen darf, bietet das kleine Geschäft im Schatten der Servatiikirche.

*Traditionelle Backwaren sind ein schönes Mitbringsel*

# Münster zum Durchatmen

Um die Altstadt herum verläuft die **Promenade** 29, die im Sommer mit dem dichten Grün der Linden aufwartet. Immer wieder finden sich rechts und links Bänke und Liegeflächen zum Entspannen. Fußgänger sollten jedoch auf den Verkehr achten: Die Promenade ist zwar für Autos gesperrt, doch umso beliebter ist sie bei Fahrradfahrern, die hier in Massen auftreten können.

### Baden verboten

Der **Aasee** eignet sich wegen der schlechten Wasserqualität leider nicht zum Baden. Das Wasser des **Dortmund-Ems-Kanals** hat zwar Trinkwasserqualität, doch auch wenn das einige nicht stört: Das Baden ist hier nicht erlaubt. Durch die Sogwirkung der großen Kanalschiffe kommt es immer wieder zu Todesfällen. Strengstens verboten ist es zudem, von den Brücken zu springen.

Im Süden der Altstadt breitet sich der **Aasee** 35 aus. Auch hier kann man die Seele baumeln lassen, wenn man herumspaziert, sich auf den Liegewiesen niederlässt oder mit einem Boot in „See“ sticht.

Leicht entkommt man der hektischen Stadt, wenn man am Ufer der Aa den **Aaseitenweg** betritt. Selbst Münsteranern ist oft nicht bekannt, wie schnell hier Ruhe einkehrt und man für sich allein sein kann. Vom Zwinger 31 bis zum Aasee führt der Weg durch die Stadt, gesäumt von Uferpflanzen und den kleinen Gärten der Stadthäuser. Zwar muss immer wieder eine Straße überquert werden, doch schon nach wenigen Metern kann man wieder in die Idylle eintauchen, sich auf einer Bank niederlassen und seinen Gedanken nachhängen.

*Im Sommer wird der Dortmund-Ems-Kanal zum beliebten Ausflugsziel*

016ms Abb.: cg

# Zur richtigen Zeit am richtigen Ort

*In Münster ist immer etwas los. Lyrikertreffen, Jazzfestival und AaSeerenaden locken Kulturfreunde, beim Radrennen und Marathon kommen Sportsfreunde auf ihre Kosten und für Genießer gibt es „Münster verwöhnt". Besonders dicht liegen die Veranstaltungen im August und September beieinander.*

## Frühling

› **Hansemahl:** Am „Tag der Internationalen Hanse" im April/Mai laden die Kaufleute der Stadt zum Festmahl, um an die Mitgliedschaft Münsters in der Hanse zu erinnern. An langen Festtafeln auf dem Prinzipalmarkt (4) werden Münsteraner und Gäste von den Kaufleuten mit westfälischen Schnittchen bewirtet.

*Der Aasee mit der Skulpturengruppe Giant Pool Balls (s. S. 78) lädt zum Entspannen ein*

› **Lyrikertreffen:** Während des Lyrikertreffens ermöglichen Lesungen, Vorträge und Gespräche Begegnungen zwischen Lyrikern, Wissenschaftlern, Publikum und Medienvertretern. Das Treffen findet im zweijährigen Rhythmus in allen ungeraden Jahren im Mai statt.

## Sommer

› **Grünflächenunterhaltung:** An zwei Samstagen im Mai und Juni wird es musikalisch auf der Promenade (29),

### Termine

Tagesaktuelle Informationen über zahlreiche Veranstaltungen, Termine und Orte geben die kostenlosen Stadtblätter **Na dann, Die Wochenschau** und **Ultimo.** Im Internet informiert die Website **http://termine.muenster.org** über aktuelle Veranstaltungen.

dann findet nämlich die „Grünflächenunterhaltung“ statt. Rund um den 4,5 km langen Grüngürtel der Stadt geben professionelle Musiker und Laien Konzerte (https://muenster.life).

- **Motorrad-Tage:** Anfang Juni kommen Motorradfans bei den Münsteraner Motorrad-Tagen auf ihre Kosten. Höhepunkt ist der Große Motorradkorso über den Prinzipalmarkt 4 (www.motorradtage-muenster.de).
- **Münster Classics:** Ebenfalls im Juni kann man Oldtimer vor der historischen Kulisse der Stadt Münster erleben. Eine gemeinsame Ausfahrt führt die Oldtimerfreude durch die Innenstadt und das Münsterland (www.muensterclassics.de).
- **Christopher Street Day:** Seit 2009 wird im Juni der Münsteraner CSD gefeiert. Ein buntes, tolerantes Fest mit Musik und Kleinkunst am Rathaus-Innenhof. (http://csdmuenster.wordpress.com).
- **Straßenkunstfestival:** Bei diesem Festival im Juni gibt es Straßenkunst der ganz besonderen Art zu sehen. Der Ort des Festivals ist spannend, denn die Künstler zeigen ihr Können im Zoo 36 (www.zookuenstler.de).
- **Docklands Festival:** Wer elektronische Musik mag, für den ist das Docklands Festival im Juni ein Muss. Neben den großen Stars sind auch Newcomer auf dem Gelände am Hawerkamp zu entdecken (www.docklands-festival.de).
- **Kunst am Rand:** Alle zwei Jahre findet von Juni bis September im nördlichen Stadtteil Kinderhaus die Aktion „Kunst am Rand“ statt. Ähnlich der großen Skulpturenausstellung (s. S. 77) zeigen überregional bekannte Künstlerinnen und Künstler ihre Werke an verschiedenen Stellen im Stadtteil.
- **Vainstream Rockfest:** Das Festival hat sich zum Mekka für Fans von Punk, Metal und Hardcore entwickelt. Viele Tausende Besucher aus ganz Deutschland und Europa strömen zum Hawerkamp, wenn das Vainstream-Festival Ende Juni/Anfang Juli seinen Lauf nimmt (www.vainstream.com).
- **AaSeerenaden:** Von Klassik bis Pop – bei dem Open-Air-Musikfestival im Juli ist vor traumhafter Kulisse an den Aaseeterrassen für jeden Geschmack etwas dabei. Die Bühne wird auf dem See errichtet, die Zuhörer nehmen auf den Terrassen Platz. Der Eintritt ist kostenlos. Zum Abschluss findet ein großes Feuerwerk zu klassischer Musik statt.
- **Münster verwöhnt:** Im Juli präsentieren die besten Restaurants der Stadt ihre Kunst. Vor der schönen Kulisse des Münsteraner Schlosses 30 bieten sie dem Besucher eine erlesene Auswahl ihrer Köstlichkeiten an.
- **Open-Air-Kino:** Ende Juli/Anfang August verwandelt sich der Schlossplatz 30 für zwei Wochen in einen Kinosaal. Neue Kinohits und Klassiker der Filmgeschichte werden im Open-Air-Kino vor den Kulissen des Schlosses gezeigt.
- **Turnier der Sieger:** Ende August dreht sich am Schlossplatz [B3] alles um das

Mein Tipp

### Der Send

Dreimal im Jahr findet auf dem Schlossplatz der Send statt. Im März/April, Ende Juni und Ende Oktober wartet der **Jahrmarkt** auf 40.000 m² mit über 200 Fahr- und Schaugeschäften, gastronomischen Betrieben und dem traditionellen Topfmarkt auf. An einzelnen Tagen, die jeweils besonders beworben werden, gibt es Vergünstigungen. In den Tagen, an denen der Send stattfindet, wird am Rathaus 5 das Sendschwert gezeigt. Es soll die Besucher an den Marktfrieden erinnern, der im Mittelalter mit harten Strafen durchgesetzt wurde.

- Schlossplatz [B3], www.send.muenster.de

Pferd, den Dressur- und den Springsport. Auf den Tribünen vor dem Schloss können die sportlichen Entscheidungen live und hautnah miterlebt werden, auf dem Schlossplatz sind gastronomische Angebote zu finden und es gibt Ausstellungen rund um das Pferd und den Pferdesport sowie ein Rahmenprogramm (www.turnierdersieger.de).

- **Schauraum – Fest der Museen und Galerien:** Ende August/Anfang September wird Münster für ein Wochenende zum Schauraum. Am Samstag sind die Museen und Galerien der Stadt bis Mitternacht geöffnet, zahlreiche Sonderausstellungen und Musikveranstaltungen runden das Programm ab (www.muenster.de/stadt/tourismus).

## Herbst

- **Volksbank-Münster-Marathon:** Im Zeichen des Sports steht die Stadt im September, wenn der Münster Marathon stattfindet. Ganz Münster feiert mit (www.volksbank-muenster-marathon.de).
- **Wilsberg-Promi-Kellnern:** Im September kellnern Leonard Lansink alias Wilsberg und sein Team aus dem gleichnamigen ZDF-Krimi für einen guten Zweck an den Aaseeterrassen. Der Erlös dieses alljährlichen Events kommt der Krebshilfe zugute.
- **Sparkassen Münsterland Giro:** Natürlich findet in der Fahrradhauptstadt Münster auch ein großes **Radrennen** statt. Jedes Jahr am 3. Oktober fallen die Startschüsse für verschiedene Rennklassen. Neben internationalen Radsportgrößen können sich auch Amateure am „Jedermann-Rennen“ beteiligen. Diejenigen, die sich selbst nicht auf die Rennstrecken wagen wollen, finden am Schlossplatz [B3] ein reiches Rahmenprogramm mit Ausstellern, Musik und Gastronomie (https://muensterland-giro.de).

## Oldtimer in Münster

Gleich mehrere Veranstaltungen widmen sich in Münster alten historischen Fahrzeugen:

- Im **Mai** findet die **Oldtimer-Friedensfahrt** statt. Organisiert vom Verein Oldtimerfreunde Münster und Münsterland fahren rund 50 historische Automobile (Baujahr vor 1972) von Münster nach Osnabrück und zurück. Zum Abschluss der Friedensfahrt können die Fahrzeuge auf dem Domplatz in Münster bestaunt werden.
- Im **Juni** veranstaltet derselbe Verein die klassische Ausfahrt **Münster Classics** (s. S. 98) für Oldtimerfreunde der Region.
- Im **September** findet schließlich das **Historische LKW-Treffen** in Münster statt.
- **Infos:** www.muensterclassics.de

- **Vivat Pax:** Mit dem Theaterstück Vivat Pax („Es lebe der Friede“) erinnert der Stadtheimatbund im Oktober an den Westfälischen Frieden von 1648 (s. S. 25). Zahlreiche Schauspieler, Musiker und Schulen wirken an dem bunten und kurzweiligen Spektakel mitten auf dem Platz des Westfälischen Friedens hinter dem Rathaus (5) mit. Der Eintritt zu den Aufführungen ist frei (www.vivat-pax.de).

## Winter

- Von nah und fern kommen Besucher und Touristen nach Münster, um die **Weihnachtsmärkte** der Stadt zu besuchen. Man sollte sich Zeit nehmen, denn es gibt davon gleich sechs in der Innenstadt. Der älteste und immer noch größte Weihnachtsmarkt findet auf

069ms Abb.: Presseamt Münster©Tilman Roßmöller

dem Platz des Westfälischen Friedens hinter dem Historischen Rathaus 5 statt. Hier wird eine große Auswahl an Schmuck und Kunstgewerbe präsentiert, es gibt ein Kinderkarussell und kulinarische Angebote und natürlich Glühweinstände. Am hohen Tannenbaum an der Lambertikirche 8 befindet sich der **Lichtermarkt** mit Weihnachtsschmuck, Spielzeug und weihnachtlichen Leckereien. Am Kiepenkerl (s. S. 52) entsteht alljährlich ein kleines **Weihnachtsdorf** mit westfälischen Spezialitäten, Schmuck und Kunsthandwerk. Rustikal geht es auf dem **Giebelhüüskesmarkt** vor der Überwasserkirche 21 zu. Auch hier laden Stände mit Kunsthandwerk, Kunstgewerbe und gastronomischem Angebot zum Kaufen und Genießen ein. Der **Adventsmarkt** am Aegidiimarkt [D4] und der neue **X-MS-Weihnachtsmarkt** am Harsewinkelplatz mit nachhaltigen und ökologischen Produkten runden das weihnachtliche Angebot ab. Wer nicht auf eigene Faust die Weihnachtsmärkte erkunden möchte, kann an einer speziellen Weihnachtsmarktführung teilnehmen (s. S. 126).

- **Internationales Jazzfestival Münster:** In ungeraden Jahren wird das Stadttheater 27 am ersten Januarwochenende zum Zentrum der internationalen Jazzmusik. Zahlreiche Größen der Jazzszene aus aller Welt geben Konzerte. In den geraden Jahren findet ebenfalls Anfang Januar im Stadttheater der Konzertabend „Jazz Inbetween" statt.
- **Karneval:** Münster ist die westfälische Karnevalshochburg. Bereits in den letzten beiden Wochen der Fastenzeit ziehen die Karnevalszüge durch die Stadtteile Sprakel, Hiltrup und Wolbeck. Die Innenstadt von Münster bevölkert der Karnevalszug am Rosenmontag (www.bmk-muenster.de).

*Der romantische Lichtermarkt an der Lambertikirche 8 gehört zu den sechs Weihnachtsmärkten, die im Dezember in Münster stattfinden*

# MÜNSTER VERSTEHEN

018ms Abb.: cg

# Münster – ein Porträt

*„Ausgezeichnet lebenswert“ – Münster ist eine der lebenswertesten Städte der Welt – was die Münsteraner insgeheim schon immer wussten, wurde 2004 amtlich, als Münster der LivCom Award in der Kategorie „Stadt mit 200.000 bis 750.000 Einwohnern“ verliehen wurde.*

Seit der renommierten Preisverleihung sind schon viele Jahre vergangen, aber noch immer werden Besucher bereits nach kurzer Zeit feststellen können, dass die Stadt außerordentlich lebenswert ist: Das Stadtbild ist geprägt von einer harmonischen Kombination aus 1200-jähriger Geschichte, (meist) behutsamer Stadtplanung und modernster Architektur. **Westfälische Gemütlichkeit** geht mit **urbanem Leben** eine fruchtbare Symbiose ein. **Über 60.000 Studenten** an der Universität und den Fachhochschulen sorgen für jugendlichen Schwung.

Münster liegt etwa 40 Kilometer nördlich des Ruhrgebietes in der Westfälischen Tieflandsbucht im Norden Deutschland. Als Oberzentrum für das Münsterland lässt die **Infrastruktur** kaum etwas zu wünschen übrig. Es gibt Einzelhandelsgeschäfte und Gastronomie auf jedem Preisniveau, mehrere Theater und zahlreiche Museen bieten ein reiches **Kulturangebot.** Auch das **Sport- und Freizeitangebot** ist groß. Es gibt zahlreiche Sportanlagen und Schwimmbäder. Auf dem Aasee im Südwesten der Altstadt kann gesegelt und es können Tretboote gemietet werden. Der Dortmund-Ems-Kanal, der die Stadt vom Südwesten nach Nordosten quert, ist zudem ein beliebtes Revier für den Rudersport.

Die Wege in Münster sind kurz und leicht mit dem Fahrrad zu bewältigen. Nie ist die nächste Grünanlage weit, in der man sich ausruhen kann. Überhaupt ist Münster eine **grüne Stadt:** Drei Viertel des Stadtgebiets bestehen aus Grünflächen und Feldern, schon nach wenigen Kilometern findet man sich auf idyllischen Bauernhöfen wieder.

Über Jahrhunderte spielte sich das Leben der Münsteraner innerhalb der Stadtmauern ab, an deren Stelle die heutige Promenade verläuft. Ab dem 19. Jahrhundert wurde die Stadt jedoch erheblich größer. Durch mehrfache Eingemeindungen in den Jahren 1875, 1903, 1956 und 1975 wuchs sie auf eine Fläche von rund 302 km² an und zählt seitdem zu den **flächenmäßig größten Städten in Nordrhein-Westfalen.** Allerdings bestehen knapp zwei Drittel des Stadtgebiets aus **landwirtschaftlichen Nutzflächen** sowie **Wald- und Erholungsgebieten** und **Wasserflächen.** Die Besiedlung konzentriert sich auf die **Altstadt** in der Mitte des Stadtgebiets und mehrere „verstreute“ **Stadtteile,** die mittlerweile selbst die Größe kleiner Städte erreicht haben.

Mitte der 2010er-Jahre zählte Münster erstmals mehr als **300.000**

KURZ & KNAPP

## Münster in Zahlen

- **Gegründet:** 793 n. Chr.
- **Einwohner:** 321.000
- **Einwohner/km²:** 1062
- **Fläche:** 302 km²
- **Höchster Punkt:** 99 m über NN
- **Prinzipalmarkt:** 60 m über NN
- **Niedrigster Punkt:** 39 m über NN
- **Anzahl der Fahrräder:** rund 500.000

◁ *Vorseite: Unübersehbar – der Kirchturm von St. Lamberti* ⑧

**Einwohner.** Durch die Einführung einer Zweitwohnungsteuer erlebte die Stadt einen deutlichen **Wachstumsschub.** Viele Studenten meldeten ihren ersten Wohnsitz in Münster an – der positive Effekt: Die klamme Stadtkasse kann mit größeren Zuschüssen des Landes rechnen. Doch auch so wird in den nächsten Jahren ein weiteres Anwachsen der Münsteraner Bevölkerung erwartet. Es gibt einen leichten Geburtenüberschuss in der Stadt, vor allem aber lockt die attraktive Universitätsstadt viele junge Menschen an, die sich auch nach dem Studium recht schwer tun, das lebenswerte Münster zu verlassen: Schätzungen zufolge werden Mitte des 21. Jahrhunderts bereits über 350.000 Menschen in Münster leben. Der Wohnungsmangel ist daher eines der dringlichsten Probleme in der Münsteraner Stadtpolitik.

Hierzubleiben fällt aber auch aus wirtschaftlichen Gründen leicht, denn Münster geht es auch ökonomisch gesehen vergleichsweise gut. Treibende Kräfte der Wirtschaft sind **Handel** und Dienstleistungen. Seit Anbeginn der Stadtgeschichte, als Kaufleute vor den Toren der Domburg ihre Marktstände aufschlugen, spielte der Handel eine große Rolle bei der Stadtentwicklung. Noch heute verzeichnet Münster einen erheblichen Kaufkraftzufluss aus dem Umland, weil viele Bewohner des Münsterlandes zu den Umsätzen in der Stadt Münster beitragen. Doch nicht nur was den Konsum angeht ist Münster das Oberzentrum des Münsterlandes. Viele kulturelle Einrichtungen und Freizeitangebote werden von Besuchern und Touristen aus der ganzen Umgebung wahrgenommen.

Neben dem Handel prägt vor allem das **Dienstleistungsgewerbe** die Wirtschaft der Stadt. Rund 86 Prozent der Erwerbstätigen arbeiten im tertiären Sektor. Für Münster ist der starke Dienstleistungsbereich keine neue Entwicklung, denn schon immer war Münster eine Verwaltungsstadt. Hier hatte der Fürstbischof eines der größten Bistümer Deutschlands seinen Sitz, das seit dem 17. Jahrhundert mit absolutistischer Strenge und einer „modernen“ Verwaltung regiert wurde. 1815 erklärten die Preußen

## Münster – ausgezeichnet

Die Krönung zur „lebenswertesten Stadt der Welt“ war nicht die erste und blieb nicht die letzte Auszeichnung, die Münster erhielt: Bereits 2006 kürte die Deutsche Umwelthilfe Münster zum zweiten Mal zur „Bundeshauptstadt für Klimaschutz“. 2019 erreichte Münster den 2. Platz als „Hauptstadt des Fairen Handels“. Bereits ein Jahr zuvor hatte Münster den Deutschen Nachhaltigkeitspreis gewonnen. Beim Deutschen Schulpreis lag 2018 das Annette-von-Droste-Hülshoff-Gymnasium vorn. Die Hochschulen haben nicht nur viele Preise für die Forschung nach Münster geholt: Universitätsrektor Johannes Wessels wurde 2018 vom Deutschen Hochschulverband zum Rektor des Jahres gewählt.

Jahrelang hatte Münster zudem ein Abo auf den 1. Platz bei der ADFC-Umfrage zur fahrradfreundlichsten Stadt. Doch der Erfolg machte bequem. Die Fahrradinfrastruktur hielt nicht mit den wachsenden Ansprüchen Schritt. Das rächte sich 2019, als Münster auf den zweiten Platz abrutschte. Erst vier Jahre später konnte die Stadt den ersten Platz zurückerobern.

Münster zur Hauptstadt der preußischen Provinz Westfalen und siedelten zivile und militärische Behörden in der Stadt an. Gerichte, Banken, Versicherungen und Berufskammern sowie -verbände folgten. Münster wurde zum „Schreibtisch Westfalens". Vergleichsweise gut bezahlte Beamte und Angestellte tragen bis heute dazu bei, dass in der Stadt ein im deutschlandweiten Vergleich **überdurchschnittliches Einkommen** erzielt wird. Die Großindustrie war und ist bis auf wenige Ausnahmen – vor allem im Bereich der Chemieindustrie (Lacke und Farben) – so gut wie nicht vorhanden.

Durch diese spezifisch Münsteraner Wirtschaftsstruktur überstand die Stadt die **Wirtschafts- und Finanzkrise** ab 2008 recht gut. Die Arbeitslosenquote blieb vergleichsweise gering. Dennoch steht es um die städtischen Finanzen nicht zum Besten. In den ersten Jahren des 21. Jahrhunderts mussten drastische **Sparmaßnahmen** ergriffen werden, um den Haushalt zu konsolidieren. Die Münsteraner mussten auf viele liebgewonnene Gewohnheiten und manchen Luxus verzichten – wie zum Beispiel den sogenannten Münster-Standard: Lange Zeit waren Neubauten der Stadt Münster deutlich besser ausgestattet worden als vergleichbare Gebäude in anderen Städten.

Immerhin ist es Münster bisher gelungen, die Haushaltssicherung zu vermeiden. Nach wie vor kann der Rat der Stadt eigenständig über den mehr als 1,6 Milliarden Euro umfassenden Etat entscheiden. Ob dies aber auch in Zukunft so bleiben wird, ist noch nicht klar und längst haben die Münsteraner erkannt, dass das Recht, auf einer Insel der Glückseligen zu leben, nicht vom Himmel fällt.

# Von den Anfängen bis zur Gegenwart

Münster ist die Stadt der **Wiedertäufer** und des **Westfälischen Friedens.** Mit beiden Ereignissen trat Münster für kurze Augenblicke ins Licht der Weltgeschichte. Doch auch jenseits dieser spektakulären Ereignisse ist die Geschichte der Stadt von Spannungen und Gegensätzen geprägt, die teilweise bis heute sichtbar sind – sei es im Stadtbild oder in der Mentalität der Münsteraner. So lieferten sich die Bürger lange **Streitigkeiten** und Auseinandersetzungen mit ihren Landesherren, den Bischöfen. Mancher Bischof wusste sich nicht anders zu helfen, als die Stadt durch Belagerungen „zur Vernunft" zu bringen. Als im 19. Jh. jedoch die weltliche Herrschaft des Bischofs endete, war die Fehde zwischen Bürgern und Bischof vergessen. Gemeinsam traten sie nun den neuen Machthabern, den **Preußen,** gegenüber. Im 20. Jh. blieb Münster katholisch-konservativ geprägt.

Heute ist vor allem **Kardinal von Galen** (s. S. 18), der sich im **Dritten Reich** mit mutigen Predigten gegen die Verbrechen der Nationalsozialisten wandte, ein wichtiger Bezugspunkt. Hinter dem beliebten Bischof kann sich noch heute mancher Bewohner der Stadt verstecken, um nicht zugeben zu müssen, dass auch die Münsteraner die nationalsozialistische Gewaltherrschaft oftmals bereitwillig hingenommen und trotz der Predigten ihres Bischofs wenig gegen die Verbrechen unternommen haben.

Im **Zweiten Weltkrieg** schließlich war Münster schwersten Luftangriffen ausgesetzt. Fast 90 Prozent der Altstadt wurden vernichtet. Man überlegte schon, das alte Münster aufzugeben und die Stadt an anderer Stelle völlig neu zu errichten, doch dann besann man sich eines Besseren und beschloss, sie wieder aufzubauen und dabei im Wesentlichen die **mittelalterliche Struktur** wiederherzustellen. Diesem mutigen Entschluss verdankt die Stadt Münster das, was heute ihr viel gelobtes Erscheinungsbild ausmacht.

**793** Im Auftrag Karls des Großen beginnt der friesische Missionar Liudger mit der Missionsarbeit im heutigen Westfalen. Auf einer kleinen Erhebung nahe der Siedlung Mimigernaford errichtete er ein Kloster. Aus „monasterium", der lateinischen Bezeichnung für das Kloster, wird im Laufe der Jahrhunderte der Name der Stadt „Münster".

**805** Das Bistum Münster wird gegründet. Liudger wird zum ersten Bischof ernannt. 809 stirbt er auf einer Reise durch sein Bistum in Billerbeck, begraben wird er im Kloster Werden bei Essen.

**Um 850** Fertigstellung des ersten Doms auf dem Horsteberg, der durch Befestigungsanlagen gesichert wird.

**Im 9. Jh.** schlagen Händler vor den Toren der Domburg ihrer Stände auf. Noch heute erinnern die Straßennamen Alter Fischmarkt, Roggenmarkt und Prinzipalmarkt an diese Märkte.

**Um 1050** In der Kaufmannssiedlung wird der erste Bau der Lambertikirche errichtet.

**1121** Herzog Lothar von Sachsen erobert die Domburg. Dabei kommt es zu einer Feuersbrunst, die weite Teile der Stadt und den Dom vernichtet.

**1225–1264** Der Dom wird im frühgotischen Stil neu errichtet.

**ca. 1350** Das Münsteraner Rathaus nimmt die bis heute weitgehend erhaltene Form an. Der Schaugiebel wird am Ende des 14. Jahrhunderts fertiggestellt. Um diese Zeit entstehen auch die Bogengänge am Prinzipalmarkt.

## Hier will ich nicht begraben sein!

Als der friesische Missionar **Liudger** im Jahr 809 starb, wurde sein Leichnam zunächst in Münster aufgebahrt, denn natürlich sollte der Gründungsbischof in seiner Bischofsstadt begraben werden. Der Sage nach erscholl aber ein Ruf durch die Stadt: „Hier will ich nicht begraben sein!" Man legte den Leichnam Liudgers daher auf einen Ochsenkarren und ließ die Ochsen laufen. In Werden bei Essen, wo Liudger ein Kloster gegründet hatte, hielt das Gespann. Deshalb wurde der Bischof hier beigesetzt.

*Statue von Bischof Liudger im Durchgang zwischen Rathaus* 5 *und Stadtweinhaus* 6

019ms Abb.: cg

**1534/1535** Einer radikalen, reformatorischen Sekte, den Täufern, gelingt es, in Münster die Macht zu übernehmen. Im Glauben, dass Münster das neue Jerusalem sei, errichten sie eine brutale Herrschaft. 1535 stürmen bischöfliche Truppen die Stadt und schlagen das Täuferreich nieder (s. S. 29).

**1536** Die Anführer der Täuferbewegung werden hingerichtet und ihre Leichen in Körben am Turm der Lambertikirche aufgehängt.

**1618 bis 1648** In Europa tobt der Dreißigjährige Krieg. Weil Münster stark befestigt ist und von Kriegshandlungen weitgehend verschont geblieben ist, wird die Stadt zusammen mit Osnabrück zum Ort, an dem über den Friedensschluss verhandelt wird.

**1648** Nachdem die Niederlande achtzig Jahre lang gegen die Spanier Krieg geführt haben, wird am 15. Mai im Münsteraner Rathaus der Frieden zwischen beiden Ländern beschworen. Mit diesem Schwur erlangen die Niederlande ihre Unabhängigkeit. Am 24. Oktober wird in Münster und Osnabrück schließlich der Westfälische Frieden geschlossen, der den Dreißigjährigen Krieg in Europa beendet.

**1661** Gerne wären die Münsteraner Bürger nach dem Dreißigjährigen Krieg eine reichsfreie Stadt geworden. Um das zu verhindern, belagert jedoch der Bischof Christoph Bernhard von Galen (gen. Bomben-Bernd) die Stadt. Schließlich unterwerfen sich die Münsteraner. Der Bischof errichtet daraufhin eine absolutistische Herrschaft.

**1756–1763** Im Siebenjährigen Krieg wird Münster mehrfach erobert und belagert. Noch während des Krieges wird der prachtvolle Erbdrostenhof fertiggestellt, in dem die Befehlshaber der Besatzungsarmeen Quartier nehmen.

**1764** Die Befestigungsanlage wird geschleift. An ihrer Stelle wird eine Promenade angelegt, die bis heute als Grüngürtel einmal um die Altstadt führt.

**1767–1787** Das Stadtschloss wird für die Fürstbischöfe von Münster nach Plänen von Johann Conrad Schlaun errichtet.

**1773** Gründung der Universität

**1792** Johann Wolfgang von Goethe ist zu Besuch in Münster.

**1803** Reichsdeputationshauptschluss: Das Fürstbistum Münster wird aufgelöst, der Bischof verliert seine weltliche Macht.

**1815** Auf dem Wiener Kongress wird Münster endgültig preußisch. Die Stadt wird Hauptstadt der neuen preußischen Provinz Westfalen mit Sitz des Oberpräsidenten und des Generalkommandos des VII. Armeekorps.

**1848** Münsters erster Bahnhof wird mit einer Stichbahn nach Hamm eröffnet, wo Anschluss an die Köln-Mindener Eisenbahn besteht.

**1875** In Deutschland tobt der „Kulturkampf". Die katholische Stadt Münster wird zu einem der zentralen Orte dieser Auseinandersetzung zwischen der Regierung des Deutschen Reiches in Berlin und der katholischen Kirche. Mehrfach verstößt der Münsteraner Bischof Johann Bernhard Brinkmann gegen die Kulturkampfgesetze. Die preußische Regierung erklärt ihn für abgesetzt und klagt ihn an. Brinkmann flieht in die Niederlande, erst 1884, nach Ende des Kulturkampfs, kann er nach Münster zurückkehren.

**1907** Kaiser Wilhelm II. besucht die Stadt und verleiht der Universität den Namen „Westfälische Wilhelms-Universität".

**1914–1918** Erster Weltkrieg. Als wichtiger Militärstandort wird auch Münster anfangs von einer großen Kriegsbegeisterung ergriffen. Am Bahnhof wird eine „Verwundeten-Entlade-Station" eingerichtet, in der verletzte Soldaten und Kriegsgefangene untergebracht werden, bis sie auf Lazarette und Lager im Reich verteilt werden können. Mehrere Kriegsgefangenenlager werden in der Stadt errichtet.

**1933** Die Nationalsozialisten übernehmen die Macht in Deutschland. Politik und Gesellschaft werden gleichgeschaltet – auch in Münster. Die Stadt wird Hauptstadt des Gaus Westfalen-Nord. Gauleiter Alfred Meyer ist mitverantwortlich für die Ermordung der europäischen Juden. Als Staatssekretär im Reichsministerium für die besetzten Ostgebiete nimmt er an der Wannseekonferenz zur „Endlösung der Judenfrage" teil.

**1938** In der Reichspogromnacht brennen die Nationalsozialisten die Synagoge an der Klosterstraße nieder.

**1939–1945** Zweiter Weltkrieg. Nach dem deutschen Überfall auf Polen beginnen die Nationalsozialisten mit der Ermordung psychisch kranker und geistig behinderter Menschen. Fast 3000 Menschen werden aus den Heilanstalten der Provinz Westfalen verschleppt, die wenigsten überleben. Ab 1940 ist Münster Ziel von Luftangriffen englischer und amerikanischer Bomber.

**1941** Im Sommer 1941 hält der Münsteraner Bischof Clemens August Graf von Galen drei berühmte Predigten gegen die Verbrechen der Nationalsozialisten (s. S. 18). Am 13. Dezember werden die ersten Juden aus Münster und Umgebung in das Ghetto von Riga deportiert. Weitere Deportationszüge verlassen den Bahnhof in den folgenden Wochen und Monaten. 1942 wird vermeldet: „Münster ist judenfrei." Von den 710 Juden, die 1933 in Münster wohnten, überleben nur 24 die Zeit des Nationalsozialismus.

**1945** Am 2. April befreien britische und amerikanische Truppen Münster. Die Stadt wird Teil der britischen Besatzungszone. Bis zu 90 Prozent der Stadt sind durch die Luftangriffe und Kampfhandlungen zerstört. Anfangs wird überlegt, die Stadt gänzlich aufzugeben.

**1946** Der Münsteraner Bischof Clemens August Graf von Galen wird von Papst Pius XII. in den Kardinalsrang erhoben. Der Papst würdigt damit die mutige Haltung des Bischofs gegen die Nationalsozialisten. Nur sechs Tage nach seiner Rückkehr aus Rom stirbt der „Löwe von Münster" jedoch an einem nicht erkannten Blinddarmdurchbruch.

**Bis 1949** In Münster fallen die wesentlichen Entscheidungen für einen Wiederaufbau auf den traditionellen, sprich mittelalterlichen Grundzügen. Bewusst verweigern sich die Stadtväter, Münster ganz im Trend der Zeit zur „autogerechten Stadt" zu machen.

**1974** Die bewusste Förderung des Fahrradverkehrs beginnt. Vor allem soll dadurch der drohende Verkehrsinfarkt der Stadt verhindert werden.

**1977** Die erste Skulpturenausstellung findet statt. Fortan lockt die Ausstellung alle zehn Jahre internationale Künstler und Kulturfreunde nach Münster.

**1994–1999** Für eine Wahlperiode wird Münster zum ersten Mal von einer rot-grünen Regierung unter Marion Tüns (SPD) geführt. Die jahrzehntelange Dominanz der CDU ist damit gebrochen.

**2004** Münster erhält den LivCom Award und wird damit als lebenswerteste Stadt der Welt ausgezeichnet.

**2012** Nach langem Streit, Ratsbeschluss, Bürgerbegehren und Bürgerentscheid wird der Hindenburgplatz in Schlossplatz umbenannt.

**2013** Nach 68 Jahren verlassen die letzten britischen Soldaten die Stadt. Die Umwandlung der ehemaligen Kasernenflächen in attraktive Wohngebiete ist eine große Herausforderung für die Stadtplanung.

**2014** Am 28. Juli 2014 kommt es zu einer verheerenden Starkregen-Katastrophe. Innerhalb von sieben Stunden fallen 300 Liter Regen pro Quadratmeter. Weite Teile der Stadt werden überflutet. Zwei Menschen kommen ums Leben.

**2016** Im April einigen sich Grüne und CDU im Stadtrat auf das erste schwarz-grüne Bündnis in der Geschichte der Stadt.

**2017** Zum fünten Mal findet in Münster die große Skulpturenausstellung statt. Für hundert Tage lockten 35 Kunstprojekte mehr als 600.000 kunstinteressierte Besucher im Sommer in die Stadt.

**2018** Am 7. April tritt Münster aus einen traurigen Anlass in das Licht der Weltöffentlichkeit: Der Fahrer eines Kleinbusses rast am Kiepenkerl in eine Gruppe von Menschen, die hier in der Außengastronomie das schöne Wetter genießen. Vier Menschen sterben. Die Tat hat keinen terroristischen Hintergrund.

Im Mai feiert die Stadt den 101. Katholikentag unter dem Motto „Suche Frieden". Fast 100.000 Menschen nehmen an rund 2000 Veranstaltungen teil.

**2020/2021** wird auch Münster von der Coronapandemie schwer getroffen. Das öffentliche Leben der sonst so quirligen Stadt kommt viele Monate lang zum Erliegen. Das umsichtige Verhalten von Stadtpolitik und Bürgern zeigt Erfolg. Oftmals liegen die Inzidenzwerte in Münster weit unter dem Bundesdurchschnitt.

**2020** Bei der Kommunalwahl bleibt die CDU mit 32 % stärkste Kraft, dicht gefolgt von den Grünen mit knapp 30 %. Während der Oberbürgerneister Markus Lewe (CDU) in der Direktwahl im Amt bestätigt wird, hat im Stadtrat ein Bündnis aus Grünen und SPD (17 %) die Mehrheit.

**2022** In Münster findet unter hohen Sicherheitsvorkehrungen das G7-Außenministertreffen statt. Selbstverständlich wird es im Friedenssaal abgehalten.

**2023** Mit zahlreichen Veranstaltungen gedenken die Münsteraner des Westfälischen Friedens, der vor 375 Jahren geschlossen wurde. Höhepunkt war die Westfälische Friedenskonferenz im Historischen Rathaus, an der neben vielen hochrangigen Politikern auch der Kyjiwer Bürgermeister Vitali Klitschko teilnahm.

# Leben in der Stadt

*Der Volksmund kennt drei „Münsteraner Todsünden": zugereist zu sein, kein Fahrrad zu fahren und der evangelischen Konfession anzugehören.*

Katholizismus und Münster, das gehört eng zusammen. Noch heute gehören 55 Prozent der Bevölkerung der **katholischen Kirche** an. Jahrhundertelang kämpften Bischof und Bürger um die Vorherrschaft in der Stadt. Als die Bürger nach dem Dreißigjährigen Krieg sogar danach strebten, eine **reichsfreie Stadt** zu werden, wusste sich der Bischof nicht anders zu helfen, als die Stadt mehrfach zu belagern. 1661 brachte er die Bürger gewaltsam „zur Vernunft" und errichtete eine absolutistische Herrschaft.

Erst als der Bischof Anfang des 19. Jh. seine weltliche Macht verlor, entspannte sich das Verhältnis. Nachdem Münster 1815 endgültig preußisch geworden war, hatten Bischof und Bürger in den neuen Machthabern einen gemeinsamen Feind, denn die **Preußen** waren evangelisch, was im katholischen Münster für reichlich Spannung sorgte. Es dauerte bis in die Anfänge des 20. Jahrhunderts, bis sich die Münsteraner als Bestandteil des preußisch geprägten Kaiserreiches begriffen.

Bis 1933 war Münster Hochburg der katholischen Zentrumspartei. Nach dem Zweiten Weltkrieg verlor sich die tief katholische Prägung jedoch, denn viele Menschen, die infolge des Krieges aus den ehemaligen deutschen Ostgebieten vertrieben wurden und nun im Westen eine neue Heimat suchten und fanden, waren Mitglieder evangelischer Kirchen. **Politisch** dominierte weiterhin eine christliche Partei, die CDU, den Stadtrat, teilweise verfügten die

020ms Abb.: Presseamt Münster©Angelika Klauser

Christdemokraten über die absolute Mehrheit. Erst in den 1990er-Jahren wurde die Vorherrschaft der CDU gebrochen. Von 1994 bis 1999 stand Marion Tüns einer rot-grünen Regierung vor. Seitdem stellen jedoch wieder die Christdemokraten das Stadtoberhaupt, jedoch kann sich der Oberbürgermeister Markus Lewe nicht mehr durchgehend auf eine eigene Mehrheit im Rat stützen.

2016 wurde das erste schwarzgrüne Bündnis im Stadtrat geschlossen. Von diesem Bündnis profitierten vor allem die Grünen, die bei der Kommunalwahl 2020 deutlich zulegen konnten. Obwohl die Christdemokraten sich knapp als stärkste Partei behaupten konnten und auch Oberbürgermeister Markus Lewe sich in der Direktwahl gegen den grünen Kandidaten durchsetzte, konnte die CDU keine Mehrheit im Stadtrat zusammenbringen. Seitdem wird die Politik unter einem CDU-Bürgermeister bei knappen Mehrheiten von einem Ratsbündnis bestimmt, in dem die Grünen mit dem Juniorpartner SPD die Geschicke der Stadt dominieren. Alles im allem eine schwierige politische Gemengelage.

## Stadt der Wissenschaft und Lebensart

Mit **über 60.000 Studenten** zählt Münster zu den größten Hochschulstandorten in Deutschland – jeder sechste Einwohner der Stadt ist Student. Allein an der **Universität Münster** (vormals Westfälische Wilhelms-Universität) sind rund 43.000 Studenten eingeschrieben. Mit knapp 600 Professuren und fast 7000 weiteren Mitarbeitern (ohne Angestellte des Klinikums und Hilfskräfte) ist die Münsteraner Uni die fünftgrößte Universität in Deutschland.

In den Naturwissenschaften bringen vor allem die Medizin und die Nanotechnologie der Hochschule internationales Renommee ein. In den Geisteswissenschaften wurde das Exzellenzcluster „Religion und Politik“ zu einem Leuchtturmprojekt, an dem mehr als 200 Wissenschaftlerinnen und Wissenschaftler beteiligt sind.

*Das Max-Planck-Institut für molekulare Biomedizin gehört zu den „Leuchttürmen“ in der Wissenschaftsstadt Münster*

Auch wenn ein eigentlicher Campus fehlt, hat sich doch in der **westlichen Altstadt** ein lebendiges **Universitätsviertel** herausgebildet. Zwischen dem Fürstenberghaus am Domplatz mit der Philosophischen Fakultät und dem Schloss, in dem die Verwaltung der Uni ihren Sitz hat, haben sich viele Fachbereiche angesiedelt, u. a. sitzen die Juristen und Wirtschaftswissenschaftler, die Erziehungs- und die Sozialwissenschaftler, die Historiker, Theologen, Philosophen und Philologen im Zentrum der Stadt.

Die **Naturwissenschaftler** haben die enge Altstadt indes verlassen und ihre Bleibe weiter außerhalb zwischen der Altstadt und dem Stadtteil Gievenbeck gefunden. In den letzten Jahren sind weitere Forschungseinrichtungen wie das Max-Planck-Institut für molekulare Biomedizin, das Biotechnologiezentrum und Centrum für Nanotechnologie (CeNTech) hinzugekommen. Es entstand ein Wissenschaftspark, in dem Spitzenforschung betrieben und zugleich die Zusammenarbeit mit innovativen Unternehmen gefördert wird.

Natürlich verbringen die Studenten ihre Zeit nicht nur in den Hörsälen, Instituten und Büchereien. Mit **Cafés, Kneipen, Diskotheken** und zahlreichen **studentischen Kultureinrichtungen** prägen sie das Leben in der Stadt und haben seit den 1960er-Jahren maßgeblich dazu beigetragen, die oftmals verknöcherten Strukturen aufzubrechen. Zwar blieb es 1968 in Münster vergleichsweise ruhig, doch in den Folgejahren entstand eine junge, oft politisch links stehende, später „grüne" Studentenschaft, die zu einer liberalen Stadtgesellschaft beitrug. Ohne die Uni wäre Münster gewiss nicht die „lebenswerteste Stadt der Welt", aber wenn Münster nicht so lebenswert wäre, würde es auch weniger Studenten hierher ziehen.

Neben der Westfälischen Wilhelms-Universität gibt es noch **eine Reihe anderer Hochschulen** in Münster: Die Fachhochschule, die Katholische Hochschule NRW, die Philosophisch-Theologische Hochschule, die Musikhochschule, die Kunstakademie und die Deutsche Hochschule der Polizei. Hinzukommen schließlich die Westfälische Verwaltungs- und Wirtschaftsakademie, die Fachhochschule für öffentliche Verwaltung Nordrhein-Westfalen sowie die Fachhochschule des Bundes für öffentliche Verwaltung, Fachbereich Finanzen.

## Fahrradhauptstadt

Schüler und Studenten, Lehrer und Professoren, Angestellte und Beamte, Geschäftsleute, Priester und der Oberbürgermeister – alle fahren Fahrrad. Über 40 % aller Wegstrecken in der Stadt werden mit dem Fahrrad zurückgelegt, Tendenz steigend. Zu den erstaunlichen Fakten gehört auch, dass es in Münster weit mehr Fahrräder als Einwohner gibt. Auf die rund 321.000 Einwohner kommen schätzungsweise über 500.000 Fahrräder. Es gehört in Münster eben zum gu-

KURZ & KNAPP

### Leeze

Als das Fahrrad im letzten Drittel des 19. Jh. aufkam, bezeichnete man es mit dem lateinischen Begriff „Velociped", was nichts anderes als „schneller Fuß" bedeutet. In der Münsteraner Masematte-Sprache (s. S. 47) der kleinen Kaufleute und Handwerker wurde der lateinische Begriff bald verballhornt. Seitdem spricht man in Münster liebevoll von seiner „Leeze", wenn man das Fahrrad meint.

ten Ton, mehrere Fahrräder im Keller zu haben. Doch die Erfolge als Fahrradstadt machten bequem. Wichtige Investitionen in die Infrastruktur blieben aus. Karlsruhe und andere Städte haben Münster den Titel als Fahrradhauptstadt abgenommen.

Die Entwicklung Münsters zur Fahrradhauptstadt kam **nach dem Zweiten Weltkrieg** in Fahrt. Nach der verheerenden Kriegszerstörung, der bis zu 90 % der Gebäude zum Opfer fielen, wurde beschlossen, die Stadt unter größtmöglicher Beibehaltung der historischen Straßenzüge wieder aufzubauen. Dies war eine **Grundsatzentscheidung** von überragender Bedeutung für die Stadtentwicklung, aber auch für den Fahrradverkehr: Denn bei der Entscheidung hatte niemand an die „autogerechte" Stadt gedacht. Mit wachsender Motorisierung in der Wirtschaftswunderzeit drohte der Stadt mehrfach der Verkehrsinfarkt. Das erkannte auch der von der CDU dominierte Stadtrat, der sich vor allem um das beschauliche Erscheinungsbild der Stadt sorgte. Es blieb nur ein Ausweg: **Der Fahrradverkehr musste gefördert werden.** Seit 1974 wurden verstärkt Fahrradwege gebaut, Ampelschaltungen an den Fahrradverkehr angepasst und Abstellanlagen für Fahrräder eingerichtet.

Einige clevere Verkehrsregelungen machen das Fahrradfahren in Münster leicht. So gibt es seit 1990 **Fahrradstraßen**, auf denen Radfahrer Vorrang vor anderen Verkehrsteilnehmern haben. Was mit einem Pilotprojekt an der Schillerstraße begann, ist längst Vorbild für ganz Deutschland geworden. Bei vielen **Einbahnstraßen** ist die Gegenrichtung für Fahrradfahrer freigegeben. Vor zahlreichen **Ampelanlagen** gibt es vor den wartenden Autos genügend Raum für Fahrradfahrer. In drei **Fahrradparkhäusern** kann man sein Fahrzeug gegen ein kleines Entgelt sicher und trocken abstellen – längst sind die Kapazitäten dieser Parkhäuser ausgenutzt, sodass es vor den Münster Arkaden, am Bahnhof und vor den Instituten der Uni noch immer so aussieht, als habe es Fahrräder geregnet.

Seit den 1970er-Jahren ist das Radfahren in Münster sogar zu einer solchen Selbstverständlichkeit geworden, dass manche Fahrradfahrer glauben, für sie gelte die Verkehrsordnung nicht. Also heißt es aufpassen und lieber zweimal hinschauen – in Münster kann ein schwungvoller Radfahrer unerwartet überall auftauchen.

*Fahrräder prägen das Bild der Stadt*

# Wilsberg, Thiel und Boerne – Krimistadt Münster

*Das häufigste Verbrechen in Münster ist der Fahrraddiebstahl. Gewaltdelikte mit Todesfolge oder gar Morde sind statistisch recht selten. Und doch ist Münster bundesweit als Schauplatz diverser Kapitalverbrechen bekannt.*

Als Jürgen Kehrer 1990 seinen ersten **Wilsberg-Kriminalroman** („Und die Toten lässt man ruhen") veröffentlichte, ahnte wohl niemand, dass dies der Beginn einer beispiellosen Münsterkrimi-Begeisterung war. Mit Georg Wilsberg schuf Jürgen Kehrer einen Privatdetektiv, der sich mit seiner westfälischen, lakonisch-sturen, oft ironischen Art ausgezeichnet in die Münsteraner Provinz einfügt. 1995 wurde das ZDF auf die Figur des Privatdetektivs aufmerksam. Zunächst spielte Joachim Król die Hauptrolle, seit 1998 ist Leonard Lansink als Georg Wilsberg zu sehen. Anders als in der literarischen Vorlage betreibt dieser in den Filmen kein Geschäft für alte Briefmarken und Münzen, sondern führt das Antiquariat Wilsberg. Viel lieber als alte Bücher zu verkaufen, ist er aber als Privatdetektiv unterwegs, und so wird das Antiquariat Solder gegenüber der Überwasserkirche während der Dreharbeiten zum kriminalistischen Mittelpunkt der Stadt. In bisher über 70 Folgen jagt Wilsberg die Verbrecher. Unterstützt wird er von seinem Freund, dem Finanzbeamten Ekki Thalkötter (Oliver Korittke). Zwanzig Jahre lang gehörte Wilsbergs Patenkind, die junge Anwältin Alex Holtkamp (Ina Paule Klink) zur Besetzung. 2021 schied Klink aus der Serie aus, neu im Team ist Dr. Tessa Tilker (Patricia Meeden). Nach wie vor dabei sind die Hauptkommissarin Anna Springer (Rita Russek) und ihr Assistent Overbeck (Roland Jankowsky). Live erleben kann man die Stars beim jährlichen Wilsberg-Promi-Kellnern am Aasee (s. S. 99). In den Filmen werden immer wieder aktuelle Themen der Stadtpolitik angesprochen, die Folge „Mord und Beton" aus dem Jahr 2016 z. B. griff eine Diskussion in Münster auf: die Neugestaltung des Hafengeländes. In ähnlicher Weise verarbeitete die Wilsberg-Folge „Ein Detektiv und Gentleman" (Erstausstrahlung 2024) ein besonders wichtiges Thema für die Stadtentwicklung: Die Folge spielt zum größten Teil auf dem Gelände der Oxford-Kaserne, wo einst britische Soldaten stationiert waren. Die Umgestaltung der Kasernenfläche ist eine Herkulesaufgabe für die Stadtpolitik.

02ms Abb.: ©Martin Debus, stock.adobe.com

Seit 2002 produziert der WDR den **Münster-Tatort.** Bislang wurden 43 Folgen gedreht. Mit dem Hauptkommissar Frank Thiel (Axel Prahl) und Gerichtsmediziner Karl-Friedrich Boerne (Jan Josef Liefers) ermittelt im Münster-Tatort das wohl witzigste Krimiteam des deutschen Fernsehens. So manchen Münsteraner mag überrascht haben, dass ausgerechnet das beschauliche Münster solche Tatort-Filme mit teils bissigem Humor hervorbringt. Thiel und Boerne, aber auch Boernes Asstistentin Silke Haller (Christine Urspruch), genannt „Alberich", die kettenrauchende Staatsanwältin Wilhelmine Klemm (Mechthild Großmann) und Thiels Vater Herbert (Claus Dieter Clausnitzer) sind längst Münsteraner Lokalhelden geworden. Thiels Kollegin Nadeshda Krusenstern (Friederike Kempter) starb 2019 den Serientod. 2020 trat Mirko Schrader (Björn Meyer) an ihre Stelle.

Dass die beliebten Fernsehkrimis für die Stadt Münster auch Werbung zur besten Sendezeit sind, haben die Verantwortlichen in der städtischen Politik längst erkannt. Der Filmservice **Münster.Land** des Presse- und Informationsamtes der Stadt hat sich der Aufgabe angenommen, gute Bedingungen für die Dreharbeiten zu schaffen: Die Produzenten freut, dass sie wenig oder nichts für die Drehgenehmigungen bezahlen müssen, und die Schauspieler genießen, dass so ziemlich jeder in Münster Bescheid weiß, wenn wieder einmal gedreht wird. Dennoch bleibt es ein Wermutstropfen, dass für beide Münster-Krimis **längst nicht alle Szenen in Münster gedreht** werden. Bei der Tatort-Folge „Das Wunder von Wolbeck" ging ein Aufschrei durch die Münsteraner Öffentlichkeit, weil allzu offensichtlich wurde, dass nicht in Münster gedreht wurde: Eine rheinische Gaststätte und ein Braunkohlekraftwerk verrieten sofort, dass dieser Tatort nur dem Namen nach in Münster spielte.

Die Begeisterung für die Fernsehkrimis hat auch zu einer großen Nachfrage nach **Kriminalromanen** geführt, die in Münster spielen. Ein großer Internetbuchhändler prägte sogar den Gattungsbegriff „Münsterkrimi". Mittlerweile sind weit über 100 Titel dieser Art erschienen. Die Münsteraner Buchhandlungen halten eine aktuelle Auswahl bereit.

◁ *Dank der Fernsehkrimis ist das Antiquariat Solder in ganz Deutschland als Antiquariat Wilsberg bekannt*

## Krimi-Drehorte

35 [B6] **Aasee.** Im Tatort „Mörderspiele" (2004) wird eine Leiche am Aasee gefunden. Mit großer „künstlerischer" Freiheit erinnert der Film an den Fall Rohrbach, der in den 1950er-Jahren bundesweit Aufsehen erregte. 2015 wurde der Aasee wieder zum Drehort: Liebeswahn ist das große Thema im Tatort „Schwanensee". Der Ort hätte nicht besser gewählt werden können, denn auf dem Aasee lebte die Schwanin Petra, die sich in ein großes Schwanentretboot verliebt hatte und diesem stets hinterherschwamm (s. S. 62).

36 [ai] **Allwetterzoo.** 2018 ermittelten Kommissar Thiel und Gerichtsmediziner Boerne in der Tatort-Folge „Schlangengrube" im Allwetterzoo. Heimlicher Star des Films wurde die Pinguindame Sandy, die beim Tatort-Dreh nicht zum ersten Mal vor der Kamera stand (s. S. 63).

★133 [C3] **Antiquariat Solder,** Frauenstraße 49, Tel. 45339. Gegenüber der Überwasserkirche befindet sich das Antiquaritat Solder, das in den Wilsberg-Filmen zum Antiquariat Wilsberg wird. Damit Ekki hier sein Auto parken kann, das sich Wilsberg allzu oft ausleiht, wurden speziell für die regelmäßigen Dreharbeiten die festen Poller vor dem Geschäft entfernt und durch bewegliche ersetzt.

★134 [C4] **Bispinghof 1.** In dem Universitätsgebäude nahe dem Domplatz richtete das Fernsehteam der Wilsberg-Krimis das Polizeipräsidium ein, in dem Kriminalkommissarin Anna Springer und ihr Assistent Overbeck ihrer Arbeit nachgehen.

11 [F4] **Erbdrostenhof.** Auch der barocke Erbdrostenhof wurde bereits zum Schauplatz eines Münsterkrimis. In der Wilsberg-Folge „Die Wiedertäufer" wurde hier die Central Bank eingerichtet, die verdächtige Bankgeschäfte durchführt. In der Tatort-Folge „Ein Fuß kommt selten allein" wird Silke Haller, der Assistentin von Professor Boerne, im Festsaal des Erbdrostenhofes das Verdienstkreuz verliehen – sehr zum Verdruss ihres Chefs, der seinen Neid kaum verbergen kann.

★135 [bh] **Gerichtsmedizin,** Domagkstraße 17, Bus 2, 11, 12, 13, 22, 33, 34 (Haltestelle Domagkstraße). Seit 2002 geht Prof. Karl-Friedrich Boerne seiner Tätigkeit als Fernsehpathologe im Gebäude des Instituts für Pathologie der Universität Münster nach. Gedreht wird jedoch nur am Wochenende, wenn der laufende Betrieb und die Vorlesungen ruhen. Aus Pietätsgründen sind in den Filmen nie echte Leichen zu sehen. Auf der Wiese vor der benachbarten Klinik für Psychiatrie und Psychotherapie übt Prof. Boerne übrigens auch schon mal für ein Golfturnier („Der doppelte Lott", 2005).

› **Hafen,** Hafenplatz/Hafenweg [G7]. Mehrfach war der Hafen Schauplatz wilder Verfolgungsjagden. Bei den Dreharbeiten für den Tatort „Fluch der Mumie" (2010) wurde hier das Fluchtauto unfreiwillig versenkt. In der Wilsberg-Folge „Mord und Beton" (2016) rückt die Neugestaltung des Hafenareals in den Mittelpunkt – inklusive alternativer Protestbewegung und Bestechung der verantwortlichen Politiker durch die Baulöwen.

4 [E4] **Prinzipalmarkt.** Die Szenen auf dem Prinzipalmarkt sind schon Klassiker und fehlen in kaum einem Tatort: Boerne fährt mit seinem Cabrio über den Prinzipalmarkt, Thiel kämpft mit seinem Rad gegen das Kopfsteinpflaster und nur wenige Meter weiter wartet sein Vater am Taxistand. Dabei ist auch die Lambertikirche im Bild. In den Wiedertäufer-Käfigen am Turm dieser Kirche wird im Tatort „Mörderspiele" eine Leiche gefunden.

136 [E4] **Ratskeller „Zum Goldenen Hahn"** €€, Prinzipalmarkt 8–10. Das Restaurant im Keller des Rathauses spielte 2011 im Tatort „Herrenabend" eine wichtige Rolle, jedoch ist nicht mehr als die Tür von außen zu sehen. Wenn der Kommissar über den roten Teppich in das Nobelrestaurant eintritt, findet er sich einen Filmschnitt später in Köln wieder, denn die Innenaufnahmen wurden aus Kostengründen dort gedreht.

## Krimi-Stadtführungen

Viele Veranstalter bieten regelmäßig Stadtführungen zu den Drehorten der Münster-Tatorte und der Wilsberg-Krimis. Termine und Treffpunkte werden in der Tagespresse veröffentlicht oder können bei Münster Marketing (s. S. 118) erfragt werden.

› **K3 Stadtführungen,** Dahlweg 56, Tel. 1432516, www.k3-stadtfuehrungen.de

› **Stadt Lupe,** Heinrich-Brüning-Straße 9, Tel. 4922770, www.stadt-lupe.de

› **Stattreisen Münster,** Rothenburg 47, Tel. 4140333, www.stattreisen-muenster.de

*In Münster kann es durchaus schwierig werden, zwischen all den Fahrrädern seine eigene „Leeze" wiederzufinden*

# PRAKTISCHE REISETIPPS

061ms Abb.: cg

# An- und Rückreise

## Mit dem Auto

Münster ist an die Autobahnen A1 und A43 angeschlossen. Vom **Autobahnkreuz Münster-Süd** (A1 und A43) sowie von den **Abfahrten Münster-Nord** und **Münster-Hiltrup** an der A1 ist die Innenstadt schnell erreicht. An den großen Einfahrtsstraßen Albersloher Weg/Theodor-Scheiwe-Straße, Coesfelder Kreuz/Domagkstraße, Weseler Straße/Autobahnzubringer und an der Hammer Straße/Am Berg Fidel gibt es **Park-and-Ride-Parkplätze** mit Busanbindung in die Stadt.

## Mit der Bahn

Münsters **Hauptbahnhof** [F5] ist in das RE-, IC-, EC- und ICE-Netz der Deutschen Bahn AG eingebunden. 2017 wurde das Bahnhofsgebäude neu eröffnet, seitdem erfüllt es alle Ansprüche, die an den Bahnhof einer modernen Großstadt gestellt werden. Private Eisenbahn-Linien verbinden Münster mit dem Umland. Zwischen Hamburg und Münster verkehrt seit einiger Zeit der Flixtrain. Der Hauptbahnhof ist von der Altstadt fußläufig erreichbar und gut an den öffentlichen Nahverkehr angebunden. Neben dem **Taxistand** am Bahnhof befindet sich die **Radstation**, die Fahrräder vermietet.

› **Deutsche Bahn:** Tel. 0180 6996633, www.bahn.de

## Mit dem Flugzeug

Der **Flughafen Münster-Osnabrück** wird von Frankfurt, Berlin, Stuttgart, Nürnberg und München aus angeflogen. Aus dem europäischen Ausland bestehen Flugverbindungen von und nach Wien, London, Paris, Mailand und in die Urlaubsregionen Mallorca, Kanaren und Türkei. Mit Bus oder Taxi ist die Innenstadt von Münster in ungefähr einer halben Stunde erreichbar.

› Bus R51, S50 (7,50 €), Taxifahrt ca. 50–60 €

# Autofahren

Der Stadtkern innerhalb des Promenadenrings ist eine **Umweltzone** und darf nur von Fahrzeugen mit **gelber oder grüner Umweltplakette** befahren werden. Auf vielen innerstädtischen Straßen gilt **Tempo 30.** In naher Zukunft ist damit zu rechnen, dass das Autofahren in der Innenstadt immer weiter eingeschränkt wird. Die umfassende Verkehrsberuhigung, die der grün-rot-dominierte Stadtrat plant, wird den Autoverkehr noch weiter aus dem Zentrum verdrängen und gehört zu den umstrittensten Projekten der gegenwärtigen Stadtpolitik. Motorisierte Besucher der Stadt tun gut daran, sich im Vorfeld über die aktuelle Situation zu informieren oder am besten ganz auf

085ms Abb.: cg

das Auto zu verzichten. Wirklich notwendig ist es ohnehin nicht.

In der Altstadt gibt es mehrere **Parkplätze** und **Parkhäuser.** Ein Parkleitsystem informiert über verfügbare freie Stellplätze. Die Parkgebühren liegen zwischen 0,50 € und 1,50 € für eine halbe Stunde, der Tageshöchstsatz rangiert zwischen 5 € und 15 €.

- P137 [F4] **Parkhaus Alter Steinweg,** Alter Steinweg 21
- P138 [F6] **Parkhaus Bahnhofstraße,** Von-Steuben-Straße 9
- P139 [G5] **Parkhaus Bremer Platz,** Bremer Platz 44
- P140 [E6] **Parkhaus Engelenschanze,** Engelstraße 49
- P141 [D4] **Parkhaus Münster Arkaden,** Königsstraße 9
- P142 [E4] **Parkhaus Stubengasse,** Loerstraße 16
- P143 [D2] **Parkhaus Theater,** Tibusstraße 18

Für viele auswärtige Autofahrer ist vor allem der dichte **Fahrradverkehr** in Münster ungewohnt. Zwar gilt hier wie überall in Deutschland die Straßenverkehrsordnung, doch man sollte immer mit Radfahrern rechnen, die sich nicht an selbige halten.

Eine Besonderheit in Münster sind zudem die **Fahrradstraßen,** die sich vor allem in Wohngebieten befinden. Die Fahrbahn dieser Straßen, auf denen der Fahrradverkehr Vorrang genießt, ist in vielen Fällen großflächig und auffällig rot markiert. Selbstverständlich dürfen Fahrradfahrer hier nebeneinander fahren – sie müssen dem Autofahrer dahinter keine Möglichkeit zum Überholen lassen. Die

*Der Hauptbahnhof und das Fahrradparkhaus Radstation (s. S. 125)*

Höchstgeschwindigkeit auf diesen Straßen ist auf 30 km/h festgelegt. Bei vielen **Einbahnstraßen** ist auch die Gegenrichtung für Fahrradfahrer freigegeben. Vor zahlreichen **Ampelanlagen** gibt es vor den wartenden Autos genügend Raum für Fahrradfahrer. Um nicht den Unmut der Radler auf sich zu ziehen, sollte sich auch der ortsfremde Autofahrer an die markierten Haltelinien vor den Ampeln halten. Ein absolutes Tabu ist außerdem das Parken auf gekennzeichneten Radwegen.

## Barrierefreies Reisen

Menschen mit Behinderungen können Münster weitgehend auf eigene Faust erkunden. Es gibt keine nennenswerten Steigungen und fast alle **Bordsteinkanten** sind an Übergängen abgesenkt. In der Innenstadt bereitet jedoch an vielen Straßen das historische **Kopfsteinpflaster** Probleme. An einigen Stellen gibt es Furten mit ebener Pflasterung, die das Überqueren erleichtern. Diese Furten sind mit einem **Rollstuhlsymbol** gekennzeichnet.

An mehreren Orten in der Stadt befinden sich bronzene **Tastmodelle mit Blindenschrift,** an denen nicht nur sehbehinderte Menschen einen Eindruck von der Topografie und Architektur der Stadt gewinnen können.

Ein Großteil der **Ampeln** – zumal an den Hauptverkehrsstraßen – ist mit akustischen Signalgebern ausgestattet. Die meisten öffentlichen Gebäude und Sehenswürdigkeiten sind barrierefrei zugänglich, einen Überblick gibt der **Stadtplan** für Menschen mit Behinderungen, der bei der **Münster Information** (s. S. 119) erhältlich ist oder unter www.muenster.de/stadt/

063ms Abb.: cg

tourismus/barrierefrei.html heruntergeladen werden kann.

- **KOMM-Münster,** www.muenster-barrierefrei.de. KOMM Münster steht für „Kommunikations- und Orientierungshilfen für mobilitätsbehinderte Menschen" und ist ein internetbasierter Stadtführer, der Informationen für Menschen mit Behinderungen bereithält. Kernstück ist eine Datenbank, die Infos über die Zugänglichkeit von Gaststätten, Freizeiteinrichtungen, Arztpraxen etc. enthält.
- **Zugvogel e. V.,** Achtermannstr. 12, Tel. 9879688. Der Verein Zugvogel informiert im Rahmen des sog. Urlaubsservice für Rollstuhlfahrer über Reiseanbieter, Unterkünfte, Freizeitmöglichkeiten oder Pflegedienste. Ein Adressenpool und Reiseberichte helfen bei der Organisation von Urlaubsreisen.

Am **Bahnhof** sind alle Bahnsteige mit Aufzügen und Rolltreppen zu erreichen. Unterstützt werden Reisende mit Behinderungen durch die Mobilitäts-Servicezentrale der Bahn und die Bahnhofsmission.

- **Mobilitäts-Servicezentrale der Deutschen Bahn,** tgl. 6–24 Uhr, Tel. 0180 6512512, www.bahn.de/handicap. Nach Voranmeldung (mind. ein Werktag vor Reiseantritt) hilft die Mobilitäts-Servicezentrale der Deutschen Bahn beim Ein-, Um- und Aussteigen.
- **Bahnhofsmission Münster,** Hauptbahnhof (Gleis 12), Mo–Fr 8–20, Sa 8–18, So, Feiertage 14.30–19 Uhr, Tel. 45802. Spontane Hilfe beim Ein-, Aus- und Umsteigen bietet die Bahnhofsmission an, die auch kurzfristig zu erreichen ist. Neben dem Kundendienstschalter im Bahnhof (Service-Point) befindet sich eine Gegensprechanlage, die mit der Bahnhofsmission verbunden ist.

*Stadtmodelle für Sehbehinderte befinden sich an mehreren Orten*

# Geldfragen

Dass Münster eine vergleichsweise reiche Stadt ist, zeigt sich leider auch im örtlichen Preisniveau. Für den Touristen machen sich hier vor allem die relativ hohen Hotelkosten bemerkbar, aber auch für Fahrkarten mit dem ÖPNV oder beim Eintritt zu Veranstaltungen liegen die Preise **etwas über dem westdeutschen Durchschnitt.**

# Informationsquellen

## Vor der Reise

**ℹ144** [E4] **Münster Marketing,** Klemensstraße 10, 48143 Münster, Tel. 0251 4922710, www.tourismus.muenster.de. Münster Marketing informiert auf seiner Internetseite, mit Telefonauskünften und dem Versand von Broschüren Besucher bereits vor ihrer Reise über alle wichtigen Themen. Die Informationsstelle gibt Auskunft über Stadt, Kulturangebote und touristische Leistungen. Auch Unterkünfte werden vermittelt.

**145 Münsterland e. V.,** Airportallee 1, 48268 Greven, Tel. 0800 9392919 (kostenlos), www.muensterland-tourismus.de. Der Verein Münsterland e. V, der von den Kreisen des Münsterlands, der Stadt Münster und zahlreichen Unternehmen getragen wird, informiert Besucher im Internet und am Telefon über Unterkünfte und Ausflugs- sowie Freizeitsmöglichkeiten.

## Touristeninformationen

In der Heinrich-Brüning-Straße inmitten der Stadt und im historischen Rathaus am Prinzipalmarkt hält die **Münster Information** allerlei Wissenswertes über die Stadt, Freizeit- und Kulturangebote bereit.

**146** [E4] **Münster Information,** Heinrich-Brüning-Straße 7, Tel. 0251 4922710, Zimmervermittlung Tel. 0251 4922726, www.tourismus.muenster.de, geöffnet: Mo–Fr 8–18, Sa 9–16 Uhr

**147** [E4] **Münster Information im Historischen Rathaus,** Prinzipalmarkt 10, Tel. 0251 4922724, www.tourismus.muenster.de, geöffnet: Di–Fr 10–17, Sa, So, Feiertage 10–16 Uhr

## Veranstaltungs- und Kartenservice

**148** [E4] **WN Ticket-Shop,** Picassoplatz 3, geöffnet: Mo–Fr 10–18 Uhr, Sa 9–14 Uhr. Der Ticketshop der Westfälischen Nachrichten verkauft Eintrittskarten für Theateraufführungen, Konzerte, Kleinkunst und sonstige Veranstaltungen. Telefonische Reservierungen und Buchungen sind leider nicht möglich.

- Karten für Konzerte, Theateraufführungen und sonstige Veranstaltungen können über Internetportale wie www.eventim.de, www.reservix.de, www.ticketonline.de und andere gekauft werden.

## Die Stadt im Internet

- **www.muenster.de:** Die offizielle Internetseite der Stadt Münster präsentiert eine Fülle an Informationen zu Stadt, Politik, Verwaltung und Tourismus. Sehenswert sind die vielen Fotos aus der Stadt Münster und besonders der virtuelle Stadtrundgang.
- **www.antennemuenster.de:** Neben aktuellen Nachrichten aus der Stadt hält der private Radiosender Antenne Münster auf seiner Internetseite viele Tipps für Besucher bereit.

## Münster preiswert

Trotz des hohen Preisniveaus in Münster gibt es auch einige Tipps für einen preiswerten Urlaub:

- In vielen **Museen** in Münster ist der Eintritt frei (s. S. 72).
- Von Montag bis Donnerstag verkauft das **Theater Münster** (s. S. 89) eine Viertelstunde vor Beginn der Vorstellung Karten zum halben Preis.
- **Gut und günstig essen** kann man in den verschiedenen **Mensen** der Stadt (s. S. 84).
- Jeden 2. Freitag im Monat ist der Eintritt ins **LWL-Museum für Kunst und Kultur** 3 frei. Das Museum hat an diesen Tagen bis 22 Uhr geöffnet.
- In der Universitätsstadt Münster gehört es zum guten Ton, den Studierenden Ermäßigungen anzubieten. Es lohnt sich, den **Studierendenausweis** mitzuführen, wenn man einen besitzt. Neben kulturellen Einrichtungen gewähren auch viele Imbisse Rabatte – frei nach dem Motto: Ein leerer Bauch studiert nicht gern.

## Meine Literaturtipps

- Josef Bergenthal, **„Münster steckt voller Merkwürdigkeiten“** (erstmals 1935). Bis heute wird das kleine Buch von Josef Bergenthal immer wieder neu aufgelegt und es wurden bereits 150.000 Exemplare verkauft. Tatsächlich enthält der Text eine noch immer lesenswerte und unterhaltsame Zusammenfassung von Geschichte, Kultur und eben auch so mancher Münsteraner Merkwürdigkeit.
- Jürgen Kehrer hat mit seinen **„Wilsberg“-Krimis** eine neue Gattung begründet. Andere Autoren folgten in kongenialer Weise, darunter Jürgen Flenker mit seinen lesenswerten Büchern **„Das Rattenorakel“** und **„Ebers Erben“** sowie Christoph Güsken mit zahlreichen Werken wie **„Der Tod fährt Rad“** und **„Das Wunder von Hiltrup“**.
- Im Jahr 2016 erschien die **„Kleine Stadtgeschichte“** von Bernd Haunfelder. Auf rund 200 Seiten erhalten die Leser einen kurzweiligen Einblick in Münsters Historie.

- **www.tuermerinvonmuenster.de:** In ihrem Blog berichtet die Türmerin von Münster über ihren Alltag auf dem Lambertikirchturm (s. S. 27) und weiß so manche Geschichte und Anekdote zu berichten.
- **www.sto-ms.de:** Hennig Stoffers hat über viele Jahre eine umfangreiche Sammlung zur Geschichte der Stadt Münster aufgebaut. Aus seiner akribischen Arbeit sind mehrere Buchveröffentlichungen und diese ebenso umfangreiche wie informative Website hervorgegangen.

## Publikationen und Medien

Die **Westfälischen Nachrichten** und die **Münstersche Zeitung** sind die beiden regionalen Tageszeitungen mit tagesaktuellen Nachrichten aus Politik, Wirtschaft, Gesellschaft und Sport. Beide Zeitungen erscheinen im Verlagshaus Aschendorff mit identischem Lokalteil. Elfmal im Jahr erscheint das Lifestyle-Magazin **Münster!** mit aktuellen Berichten, Features und Infos darüber, was gerade in der Stadt passiert. Über aktuelle Veranstaltungen und das Kinoprogramm informieren außerdem die kostenlosen Stadtblätter **Na dann**, **Stadtgeflüster Münster** und **Ultimo.** In diesen Blättern werden auch Kleinanzeigen veröffentlicht.

In der Lokalzeit des Fernsehsenders **WDR** berichtet wochentags das Studio Münster über die wichtigsten Themen der Stadt (Mo–Fr 19.30–20 Uhr). Einen kurzen lokalen Nachrichtenüberblick gibt **WDR aktuell** von 18 bis 18.15 Uhr. Ausführliche Nachrichten, Interviews und Berichte gibt es in der halbstündigen **Lokalzeit Münsterland** (Mo–Fr 19.30–20 Uhr).

**Antenne Münster** ist ein lokaler, werbefinanzierter Radiosender (Frequenz 95,4).

## Apps

- **münster:app**: praktische App, die u. a. Fahrpläne der Busse in Echtzeit und freie Parkplätze in den Parkhäusern anzeigt. Service- und Notfallnummern werden ebenfalls angegeben. Außerdem kann sie zum Ticketkauf im Nahverkehr genutzt werden (kostenlos für Android und iOS).
- **Explore Münster:** Die App bietet virtuelle Rundgänge durch die Stadt – teilweise mithilfe von Augmented Reality, die Einblicke in frühere Zeiten ermöglicht (kostenlos für Android und iOS).

# LGBT+

Am 29. April 1972 fand in Münster die deutschlandweit erste Demonstration homosexueller Menschen statt, die sich damit das erste Mal öffentlich für ihre Rechte einsetzten. Sahen sich die Demonstranten damals noch starken Anfeindungen ausgesetzt, so führt das alternativ-studentische Klima in der Stadt Münster heute auch zu einem toleranten Umgang mit dem Thema Homosexualität.

149 [di] **KCM Schwulenzentrum Münster e. V.,** Am Hawerkamp 31, Tel. 665686, www.kcm-muenster.de. Das KCM wurde 1985 als „Kommunikations Centrum Münsterland e. V." gegründet. Das Zentrum ist eine Begegnungsstätte und ein Weiterbildungsinstitut für homosexuelle Menschen. Regelmäßig werden in den Räumen des KCM am Hawerkamp auch Partys veranstaltet.

## Queerstreifen und Queer Monday

Im Programmkino Cinema finden Anfang November die Queerstreifen, Münsters lesbisch-schwule Filmtage, statt. In einem dichten Programm werden aktuelle Spielfilme und Dokumentationen gezeigt, die sich mit Homosexualität auseinandersetzen. Den Rest des Jahres werden am Queer Monday, jeweils am 2. und 4. Montag im Monat, Filme mit schwul-lesbischem Kontext gezeigt.

150 [H4] **Cinema,** Warendorfer Str. 45, Tel. 30300, www.cinema-muenster.de

## Cafés und Kneipen

In Münster fehlt ein einschlägiger Treffpunkt für die schwule und queere Szene. Das gute daran: In anderen Kneipen und Clubs sind homosexuelle und queere Menschen keine Seltenheit und in der Regel gern gesehene Gäste.

- **Café Garbo,** im Cinema (s. links), geöffnet: Mo–Sa 10–0.30, So 10–22.15, an Feiertagen 12–22.15 Uhr. Das Café Garbo ist die Kinokneipe des Programmkinos Cinema, aber auch Nicht-Kinogänger fühlen sich in diesem netten Lokal wohl. Seit Jahren ist es auch ein beliebter Treffpunkt für Schwule und Lesben.

## Unterkünfte

- **Hotel Garni Windthorst** (s. S. 128)
- **Factory Hotel** (s. S. 127)

# Medizinische Versorgung

151 [cg] **Evangelisches Krankenhaus Johannisstift Münster,** Wichernstraße 8, Bus 15, 16 (Haltestelle Nordplatz), Tel. 27060, www.evk-muenster.de

152 [E4] **Raphaelsklinik,** Loerstraße 23, Tel. 50070, www.raphaelsklinik.de

153 [dh] **St. Franziskus-Hospital,** Hohenzollernring 72, Bus 2, 10, 33, 34 (Haltestelle Hohenzollernring/Finanzgericht), Tel. 9350, www.sfh-muenster.de

154 [ah] **Universitätsklinikum Münster – Zentralklinikum,** Albert-Schweitzer-Campus 1, Bus 1 und 12 (Haltestelle Universitätsklinikum), Tel. 8355555, http://klinikum.uni-muenster.de.

155 [bj] **Kinderärztlicher Notfalldienst im Clemenshospital,** Duesbergweg 124, Bus 4 (Haltestelle Clemenshospital), Tel. 9760

- **Zahnärztlicher Notdienst:** Unter Tel. 01805 986700 wird der diensthabende Arzt des zahnärztlichen Notdienstes bekanntgegeben.

### Apotheken

**156** [E4] **Adler Apotheke,** Salzstr. 58, Tel. 414710, www.adlerapotheke-muenster.de, geöffnet: Mo–Fr 8–19.30, Sa 8.30–19 Uhr

**157** [E4] **Ludgeri Apotheke,** Windthorststraße 68, Tel. 44456, www.ludgeriapotheke.de, geöffnet: Mo–Fr 8–19.30, Sa 9–19.30 Uhr

› **Apotheken-Notdienste:** Der Notdienstkalender der Apothekerkammer Westfalen-Lippe hängt an allen Apotheken aus und ist zudem unter der Telefonnummer 08000022833 oder im Internet unter www.apotheken-notdienstkalender.de abrufbar.

## Mit Kindern unterwegs

Da in Münster viele junge Menschen leben, die nach dem Hochschulabschluss oder absolvierter Ausbildung hier eine Familie gründen, hat die Stadt für junge Eltern mit ihren Kindern einiges zu bieten. Bemerkenswert: In der Stadtverwaltung gibt es ein **Kinderbüro,** das Auskünfte und Informationen zu kinderrelevanten Fragen bereithält.

**158** [E6] **Kinderbüro Münster – Amt für Kinder, Jugendliche und Familien,** Junkerstraße 1, Tel. 4925109, www.muenster.de/stadt/kinderbuero

### Gaststätten

Viele Gaststätten in Münster haben sich auf die Bedürfnisse junger Gäste eingestellt. Unter anderem halten folgende Lokale Malutensilien, Spiele oder Kinderbücher bereit, damit es den kleinen Gästen auch nicht langweilig wird.

› **Deckenbrocks Kleiner Kiepenkerl** (s. S. 79)

› **Großer Kiepenkerl** (s. S. 80)

› **Klemens im Stadthaus** (s. S. 81)

› **Marktcafé** (s. S. 85)

### Kinderbetreuung

•**159** [E4] **Maxi-Turm,** Syndikatplatz 6, Tel. 4925555, www.muenster.de/stadt/kinderbuero, geöffnet: Mo–Fr 14–18, Sa 10–18 Uhr, geschl.: 2.–5. Woche der Sommerferien. Hier können Kinder von 4 bis 10 Jahren klettern, spielen und toben. Bis zu drei Stunden werden sie vom qualifizierten Personal des Maxi-Turms betreut. Kosten pro Kind: 3 €. Eine Anmeldung ist nicht erforderlich. Eltern müssen über Handy erreichbar sein.

### Spiel und Unterhaltung

•**160** **Fun Center Nimmerland,** Gildenstraße 26, Bus 2 und 10 (Haltestelle Hobbeltstraße), geöffnet: Mo u. Mi–Fr 14–18.30, Sa, So, Feiertage 10–18.30, Sommerferien NRW tgl. 10–18.30 Uhr. Ein großer Indoor-Spielplatz zum Toben, auch wenn es einmal in Strömen regnet – mit Pirateninsel, Kletterturm und Autoparcours.

•**161** [E4] **Maxi Sand,** Syndikatplatz, geöffnet: Mai–Sept. Mo–Sa 11–18 Uhr. Ein Spielplatz mitten in der Stadt: Am Maxi Sand mitten in der City können Kinder bis 6 Jahre nach Herzenslust im Sandkasten buddeln. Für die Betreuung und Aufsicht sind die Eltern selbst verantwortlich.

### Museen und Zoo

In den Museen der Stadt werden viele Aktionen und Veranstaltungen für Kinder angeboten. Der **Allwetterzoo** 36 und das **Naturkundemuseum** (s. S. 75) bereiten Kindern ebenso viel Freude wie Erwachsenen. Die **Aaseewiesen** bieten nach dem Zoobesuch Platz zum Toben und Picknicken. Ein Besuch der **Burg Vischering** 42 lohnt sich: Hier gehen Kindheitsträume von Burgen, Rittern und Prinzessinnen in Erfüllung.

### Theater

Neben den „normalen" Theatern der Stadt, die ebenfalls Stücke für Kinder und Jugendliche auf die Bühne bringen (s. S. 89), gibt es mit dem Charivari-Puppentheater ein Theater, das sich ausdrücklich an die junge Zielgruppe wendet.

**162** [C6] **Charivari Puppentheater,** Körnerstraße 3, Tel. 521500, http://charivari-theater.de

## Notfälle

### Notrufnummern und Fundbüro

- **Zentraler Notruf und Feuerwehr:** Tel. 112
- **Polizei:** Tel. 110
- **Ärztlicher Notfalldienst:** Tel. 116117
- **ADAC-Pannenhilfe:** Tel. 0180 2222222
- **Behördenruf:** Tel. 115
- **Fundbüro online:** www.stadt-muenster.de/buergerservice/fundsachen/fundbuero-online.html

### Kartensperrung

Bei **Verlust der Debit/Giro-, Kredit- oder SIM-Karte** gibt es für Kartensperrungen eine **deutsche Zentralnummer** (unbedingt vor der Reise klären, ob die eigene Bank bzw. der jeweilige Mobilfunkanbieter diesem Notrufsystem angeschlossen ist). **Aber Achtung:** Mit der telefonischen Sperrung sind die Bezahlkarten zwar für die Bezahlung/Geldabhebung mit der PIN gesperrt, nicht jedoch für das **Lastschriftverfahren mit Unterschrift.** Man sollte daher auf jeden Fall den Verlust zusätzlich **bei der Polizei zur Anzeige bringen,** um gegebenenfalls auftretende Ansprüche zurückweisen zu können.

In **Österreich** und der **Schweiz** gibt es keine zentrale Sperrnummer, daher sollten sich Besitzer von in diesen Ländern ausgestellten Debit- oder Kreditkarten vor der Abreise bei ih-

*Im Planetarium des LWL-Naturkundemuseums (s. S. 75) gibt es für Klein und Groß viel zu entdecken*

rem Kreditinstitut über den zuständigen Sperrnotruf informieren.

Generell sollte man sich immer die **wichtigsten Daten** wie Kartennummer und Ausstellungsdatum **separat notieren**, da diese u. U. abgefragt werden.

- **Deutscher Sperrnotruf:** Tel. +49 116116 oder Tel. +49 3040504050
- **Weitere Infos:** www.kartensicherheit.de, www.sperr-notruf.de

# Öffnungszeiten

Die **Geschäfte** in der Innenstadt öffnen ihre Türen in der Regel zwischen 9 und 10 Uhr. Größere Läden schließen werktags gewöhnlich um 20 Uhr, kleine bereits um 18.30 oder 19 Uhr. Mittlerweile haben die meisten Geschäfte durchgehend geöffnet, bei manchen kleinen Läden gibt es aber nach wie vor eine Mittagspause.

Die Münsteraner **Museen** haben sehr unterschiedliche Öffnungszeiten (s. S. 72). Montags sind sie in der Regel geschlossen.

# Post

Einen Überblick über die Postfilialen in Münster gibt die Website www.deutschepost.de/de/f/filialen.html.

✉**163** [D4] **Deutsche Post,** Domplatz 6–7, im Gebäude der ehemaligen Oberpostdirektion, geöffnet: Mo–Fr 9–18.30, Sa 8.30–14 Uhr

# Radfahren

Da Münster eine **Fahrradhochburg** in Deutschland ist, herrschen für Radfahrer hier nahezu paradiesische Bedingungen. Mehrere Anbieter **verleihen Fahrräder** (s. S. 125). Über **Fahrradrouten** in und um Münster informieren der ADFC und auch die Münster Information (s. S. 119). Aber **Achtung:** Der dichte Fahrradverkehr in der Innenstadt kann ungeübte

*Die Münsteraner nutzten und nutzen ihr Fahrrad nicht nur als Fortbewegungs-, sondern auch als Transportmittel*

064ms Abb.: cg

Radler schnell ins Schwitzen bringen. Der ADFC unterhält einen Infoladen, in dem man sich etwa mit Karten und Materialien rund um das Thema Radfahren versorgen kann:

- 164 [G6] **Allgemeiner Deutscher Fahrrad-Club Münster/Münsterland e. V. (ADFC),** Dortmunder Straße 19, Tel. 393999, www.adfc-nrw.de, geöffnet: Do 16–19 und Sa 10–13 Uhr

## Fahrradverleih

An zahlreichen Stellen in Münster können Fahrräder ausgeliehen werden. Viele Verleiher haben auch Elektrobikes im Angebot, mit denen man ohne großen Kraftaufwand Stadt und Umgebung erkunden kann.

- 165 [D4] **ADFC-Radstation Münster Arkaden,** Königsstr. 7, Tel. 7036790, www.arkaden-radstation.de. Die ADFC-Radstation in den Münster Arkaden hält 70 Leihfahrräder bereit.
- 166 **CanuCamp,** Homannstraße 64, Tel. 02535 95052, www.canucamp.de. Hier können nicht nur Kanus, sondern auch Fahrräder gemietet und geführte Fahrradtouren gebucht werden.
- 167 **Fahrrad Look,** Dingbängerweg 249, Tel. 2107444, www.fahrrad-look.de. Fahrräder, Tandems, Elektrobikes – bei Fahrrad Look gibt es eine breite Auswahl für jeden Zweck und jeden Geschmack. Zugleich ist der Laden nahe dem Aasee ein schöner Startpunkt, um das Aatal und die stadtnahe Natur zu erkunden.
- 168 [F5] **Radstation Münster Hundt KG,** Berliner Platz 27a (direkt vor dem Hauptbahnhof), Tel. 4840170, www.radstation-muenster.de. 200 Fahrräder, Kinderanhänger, Kindersitze, Tandems und 15 E-Bikes stehen im Fuhrpark der Radstation in Münsters erstem Fahrradparkhaus vor dem Bahnhof.

MEIN TIPP

### Das Münsterland mit dem Rad erkunden

Auf 960 Kilometern führt die **„100 Schlösser Route“** Fahrradfahrer durchs Münsterland (s. S. 64) und verbindet Schlösser, Burgen und Herrensitze. Genau genommen handelt es sich nicht um eine, sondern um **vier eigenständige Rundkurse** im Norden, Osten, Süden und Westen des Münsterlandes. Durch die Münsterländer Parklandschaft verlaufen die Routen weitgehend fernab stark befahrener Straßen. Ausführliches Informationsmaterial hält der Verein Münsterland e. V. (www.muensterland-tourismus.de) bereit.

## Fahrradparkhäuser

Um das Fahrrad sicher abzustellen, gibt es drei Fahrradparkhäuser.

- › **ADFC-Radstation Münster Arkaden** (s. links)
- 169 [E4] **Radlager,** Stubengasse, Tel. 9723217, www.wbi-muenster.de
- › **Radstation Münster Hundt KG** (s. links.)

# Sicherheit

Wie in vielen anderen deutschen Städten ist die Gefahr, in Münster Opfer eines Verbrechens zu werden, recht gering. Dennoch ist es v. a. im Gedränge der Fußgängerzonen, auf dem Markt und auf den Weihnachtsmärkten zu empfehlen, auf seine Wertsachen zu achten, um nicht Opfer von **Taschendieben** zu werden.

- 170 [E4] **Polizeiwache Innenstadt,** Julius-Voos-Gasse, Tel. 2750
- 171 [cg] **Polizeiwache Friesenring/Polizeipräsidium,** Friesenring 43, Bus 15, 16, 33, 34 (Polizeipräsidium), Tel. 2750
- 172 [D6] **Polizeiwache Moltkestraße,** Moltkestraße 18, Tel. 2750

## Stadttouren

In Münster gibt es mehrere Anbieter von Stadtführungen und Stadtrundgängen. Alle hier genannten Unternehmen bieten u.a. auch **Weihnachtsmarktführungen** an.

- **K3 Stadtführungen,** Dahlweg 56, www.k3-stadtfuehrungen.de, Tel. 1432516, z.B. Hafen-, Krimi oder Bierführung
- **Stadt Lupe,** Heinrich-Brüning-Straße 9, Tel. 590068760, www.stadt-lupe.de, u.a. klassische Altstadt-, aber auch Segwaytouren
- **Stattreisen Münster,** Rothenburg 47, Tel. 4140333, www.stattreisen-muenster.de. Der wohl älteste Anbieter von Stadtführungen in Münster. Highlight des Programms ist der Nachtwächter-Rundgang im abendlichen Münster.

In 50 Min. ganz Münster erleben kann man mit dem **Münster Bus.** Die roten Doppeldeckerbusse bringen ihre Fahrgäste zu den wichtigsten Sehenswürdigkeiten. An den Haltestellen kann die Rundfahrt zur Besichtigung unterbrochen und später wieder aufgenommen werden. Los geht es zur vollen Stunde am Domplatz 2. Von April bis Dezember fährt der Bus täglich durch die Stadt, im Januar, Februar und März nur am Wochenende.

- **Fahrpreise:** Tagesticket 14,50 €, Kinder 3–14 Jahre 7,50 €, Familienticket 36,50 €
- **Fahrplan:** www.muensterbus.ms

### Preiskategorien

Die angegebenen Preiskategorien beziehen sich auf ein Doppelzimmer inkl. Frühstück.

| | |
|---|---|
| € | bis 80 € |
| €€ | 80–140 € |
| €€€ | über 140 € |

## Unterkunft

In Münster gibt es Unterkünfte für jeden Geschmack und jede Geldbörse. Allerdings ist der Hotelmarkt ziemlich angespannt. Gäste müssen mit vergleichsweise hohen Preisen rechnen und frühzeitiges Buchen ist empfehlenswert. Viele Hotels sind im Bereich der Altstadt zu finden, während sich die meisten Pensionen und Ferienwohnungen außerhalb des Zentrums befinden. Bei der Suche nach einer Unterkunft hilft die Zimmervermittlung von Münster Marketing in der Heinrich-Brüning Straße (s. S. 118).

Es wird eine **Bettensteuer** von 4,5 % des Übernachtungspreises (ohne Frühstück und andere Zusatzleistungen) für Hotelübernachtungen erhoben.

### Hotels

**173** [E5] **Atlantic Hotel Münster** €€€, Engelstraße 39, Münster, Tel. 208000, www.atlantic-hotels.de/hotel-muenster. **Moderne Architektur und fantastische Aussicht:** Das auffällige, moderne Gebäude zwischen Bahnhof und Altstadt beherbergt ein Hotel auf dem neusten Stand. Einen Besuch wert ist die ATLANTIC Skybar und der gläserne Engelssaal in der 6. Etage mit einem herrlichen Ausblick auf die Stadt.

**174** [D4] **Central Hotel** €€, Aegidiistraße 1, Tel. 510150, www.central-hotel-muenster.de. **Zentral und persönlich:** Unweit vom LWL-Museum und dem Picasso-Museum wird Kunst auch im privat geführten Central Hotel großgeschrieben. Hier logierten schon Joseph Beuys, Claes Oldenburg und Christo mit Jeanne-Claude. Viele Künstler hinterließen Werke, die heute im Hotel zu sehen sind.

### Buchungsportale

Neben Buchungsportalen für **Hotels** (z. B. www.booking.com, www.hrs.de oder www.trivago.de) bzw. für **Hostels** (z. B. www.hostelworld.com) gibt es auch Anbieter, bei denen man **Privatunterkünfte** buchen kann. Portale wie www.airbnb.de oder www.wimdu.de vermitteln Wohnungen, Zimmer oder auch nur einen Schlafplatz auf einer Couch. Diese oft recht günstigen Übernachtungsmöglichkeiten sind nicht unumstritten, weil manchmal normale Wohnungen gewerblich missbraucht werden. Einige Städte greifen deshalb regulierend ein.

**175** [bf] **Factory Hotel** €€€, An der Germania Brauerei 5, Germania Campus, Tel. 41880, www.factoryhotel-muenster.de. **Modern und jung:** Das Designhotel ist in der alten, denkmalgeschützten Germania-Brauerei untergebracht und bietet 144 geräumige und modern gestaltete Zimmer, zwei hoteleigene Restaurants und eine Diskothek. Das Wellnesscenter mit Swimmingpool und Fitnessraum kann von den Gästen kostenfrei genutzt werden.

**176** [G5] **Flowers Hotel** €, Wolbecker Straße 16a, Tel. 97443972, www.flowershotels.de. **Hotel mit neuem Schwung:** Das Bahnhofsviertel hat sich in den letzten Jahren deutlich gewandelt. Das Flowers Hotel ist ein sichtbares Zeichen dieser Veränderung. Jung, modern und zentral gelegen, hat es sich schnell zu einer beliebten Übernachtungsmöglichkeit gemausert.

066ms Abb.: cg

*Das Hotel Busche wurde 1967 durch den Film „Alle Jahre wieder" berühmt*

**177** [E4] **H4 Hotel Münster City** €€€, Stubengasse 33, Tel. 490990, www.h-hotels.com. **Modernes Hotel in zentraler Lage:** Inmitten der Altstadt befindet sich das Hotel in der Neubebauung an der Stubengasse. In zwei Gebäuden gibt es 140 helle, modern eingerichtete Zimmer. 10 Zimmer richten sich speziell an die Bedürfnisse von Allergikern. Parkmöglichkeit im Parkhaus Stubengasse.

**178** [D3] **Hotel Garni Busche am Dom** €€€, Bogenstraße 10, Tel. 46444, www.hotel-busche.de. **Sehr zentral, familiär und berühmt:** Am Kiepenkerl-Denkmal direkt beim Durchgang zum Domhügel gelegen, ist das Hotel ein guter Ausgangspunkt, um Münster zu entdecken. Seit den 1950er-Jahren ist das Hotel Busche mit seinem gemütlichen Charme aus Münster nicht mehr wegzudenken. Berühmt wurde es 1967 als Drehort für den Film „Alle Jahre wieder" von Ulrich und Peter Schamoni.

067ms Abb.: cg

179 [E5] **Hotel Garni Windthorst** €, Windthorststraße 19, Tel. 484590, www.hotel-windthorst.de. **Hotel mit Aussicht:** Das kleine familiengeführte Hotel zwischen Bahnhof und Stadt verfügt über 20 gepflegte Zimmer. Vom Frühstücksraum im 4. Stockwerk hat man einen herrlichen Blick auf Münster.

180 [eh] **Hotel Haus zum Guten Hirten** €, Mauritz-Lindenweg 61, Tel. 37870, www.hotel-guter-hirte.de. **Integrativ und offen:** 1986 wurde das Haus zum Guten Hirten als Gästehaus des Ordens der Schwestern vom Guten Hirten eröffnet. Nach der Komplettrenovierung eröffnete das Haus als Integrationsbetrieb – 10 Menschen mit Behinderungen arbeiten hier. Im behindertengerecht eingerichteten Hotel sind Gäste mit und ohne Handicap willkommen, der freundliche Service und die angenehme Atmosphäre tragen zu einem entspannten Aufenthalt bei.

181 **Romantik Hotel Hof zur Linde** €€€, Handorfer Werseufer 1, Tel. 32750, http://hof-zur-linde.de. **Schön im Grünen gelegen:** Genau wie das zugehörige Restaurant Linnenboom gehört das Hotel Hof zur Linde zu den exklusivsten Adressen in Münster.

## Jugendgästehaus/Hostels

182 [B6] **JugendGästehaus Aasee** €, Bismarckallee 31, Tel. 530280, www.djh-wl.de/jh/muenster. **Modern und schön gelegen:** Das Jugendgästehaus liegt direkt am See, aber auch die Altstadt ist nach einem kurzen Fußweg schnell erreicht. Für die Übernachtung ist eine Mitgliedschaft im Deutschen Jugendherbergswerk notwendig. Weitere Infos und Preise im Internet unter www.djh-wl.de/mitglied-werden.

183 [D1] **Nordstern Hostel** €, Hoyastraße 3, Tel. 3997315, www.nordstern-hostel.de. **Preiswert in einem lebendigen Stadtviertel wohnen:** Das Nordstern Hostel liegt im lebendigen Kreuzviertel und nicht weit von der Innenstadt entfernt. Die Zimmer sind individuell gestaltet und verfügen über Waschgelegenheiten. Duschen befinden sich auf dem Flur. Dem Hotel ist die Traditionskneipe Nordstern angeschlossen, die für ihre Brathähnchen weit über Münster hinaus bekannt ist.

184 [F4] **Sleep Station** €, Wolbecker Str. 1, Tel. 4828155, www.sleep-station.de. **Für Globetrotter:** Das Backpacker Hostel „Sleep Station" verfügt über 1- bis 8-Bett-Zimmer und eine Küche zur Selbstversorgung. Bettwäsche und Handtücher können geliehen werden. Auch Waschmaschine und Trockner stehen zur Verfügung.

*Preiswerte Zimmer und Brathähnchen gibt es im Nordstern Hostel*

## Ferienwohnungen/Pensionen

**185** [F3] **Boarding House Münster** €, Sonnenstraße 43, Tel. 29790370, www.boardinghouse.ms. **Wohnen im Münster-Flair:** Im Apartmenthaus sind die geräumigen und gut ausgestatteten Apartments nach Münsterschen Straßen oder Persönlichkeiten der Stadt benannt.

**186 Hof Holtmann** €, Auf der Laer 50, Tel. 9876052, www.hof-holtmann.de. **Ferien im Grünen:** Außerhalb der Stadt, aber nur wenige Autominuten von Münsteraner Zentrum entfernt, liegt der Hof Holtmann. Hühnerstall und Wagenremise wurden zu Ferienwohnungen umgebaut. So lässt sich die Städtereise auf angenehme Art mit einem erholsamen Aufenthalt in ländlicher Idylle verbinden.

## Campingplatz

**187 Campingplatz Münster,** Laerer Werseufer 7, http://campingplatz-muenster.de, Tel. 311982, Pauschalpreis für eine Übernachtung mit Wohnwagen/Wohnmobil und 2 Personen: 30 € (inkl. Strom und Müllabfuhr). Der Campingplatz Münster liegt bei Stapelskotten an der Werse nur wenige Kilometer vom Stadtzentrum entfernt. Die Anlage wurde mehrfach ausgezeichnet. Alle Touristikplätze verfügen über Terrasse, Strom, Wasser und TV-Anschluss. Der Campingplatz ist ganzjährig geöffnet.

# Verkehrsmittel

## Busverkehr

Der Busverkehr in Münster wird von den Stadtwerken betrieben (ein **Netzplan** findet sich auf dem Faltplan). Die **Fahrkarten** können an zahlreichen Verkaufsstellen erworben werden: Unter anderem gibt es die Tickets in den Filialen der Stadtbäckerei und in diversen Tabak- und Zeitungsgeschäften. An vielen Haltestellen stehen zudem Automaten. Es lohnt sich, die Karten im Vorkauf zu erwerben, denn wer das Ticket im Bus löst, muss einen Aufschlag zahlen. Man kann auch mit der **münster:app** (s. S. 120) Tickets kaufen. Neben dem **Einzelticket** für 2,90 € (im Bus 3,30 €) bieten sich für Touristen folgende Fahrkarten an:

- **9 Uhr TagesTicket,** gültig ab 9 Uhr: 5,40 € (im Bus 6,40 €)
- **9 Uhr GruppenTicket,** gültig ab 9 Uhr für bis zu fünf Personen: 9,80 € (im Bus 12 €)
- **WochenTicket:** 28 €

Ab 21 Uhr verkehren **Nachtbusse** – im Stadtgebiet Münster **ohne Aufpreis.** Verschiedene Linien bringen die Fahrgäste vom Hauptbahnhof in die Stadtteile. Unter der Woche werden sie bis circa 1 Uhr bedient, am Wochenende fahren die Busse auch noch in den frühen Morgenstunden.

068ms Abb.: cg

*Wann kommt der Bus? Diese Anzeigetafeln geben Auskunft.*

Damit Mädchen und Frauen in der Nacht sicher nach Hause kommen, haben sich die Stadtwerke ein besonderes Angebot ausgedacht: Frauen (auch mit Kindern) und Mädchen ab 14 Jahren können auf einen **Taxi-Ruf-Service** zurückgreifen, wenn sie beim Einstieg beim Busfahrer ein Taxi zur Ausstiegshaltestelle bestellen. Die Kosten für die Anfahrt des Taxis übernehmen die Stadtwerke, den Preis für die gefahrenen Kilometer trägt man allerdings selbst.

- ℹ188 [F5] **Service-Zentrum mobilé,** Berliner Platz 22 (gegenüber dem Hbf), Tel. 01803 504030, geöffnet: Mo–Fr 9–19, Sa 9–14 Uhr
- ℹ189 [E4] **Stadtwerke CityShop,** Salzstraße 21, Tel. 6941234, geöffnet: Mo–Fr 9–19, Sa 10–18 Uhr

### Fahrplanauskünfte

- **Stadtwerke Münster:** Tel. 01803 504030, www.stadtwerke-muenster.de
- **Münsterland e. V.:** www.bus-und-bahn-im-muensterland.de

### Taxi

Natürlich kann man in Münster auch Taxi fahren. Taxistände befinden sich unter anderem in der Altstadt am Roggenmarkt und am Bahnhof. Die Taxizentrale ist unter Tel. 60011, der Taxiruf unter Tel. 25500 erreichbar.

## Wetter und Reisezeit

Münster eilt der Ruf voraus, eine **regenreiche Stadt** zu sein und tatsächlich gibt es in der Stadt relativ viele Regentage. Im Schnitt regnet es an 190 Tagen im Jahr. Da ist es nur ein schwacher Trost, dass die Niederschlagsmenge mit durchschnittlichen 770 mm pro Jahr im deutschen Mittelmaß liegt. Immerhin gibt es aber auch rund 1580 Sonnenstunden im Jahr.

Da sich der Regen und Sonnenstunden recht gleichmäßig verteilen, ist Münster das ganze Jahr hindurch ein beliebtes Reiseziel. Im **Frühling** und **Frühsommer** sind freilich die Aussichten auf angenehme Temperaturen und vergleichsweise wenig Regen besonders gut. Im **Spätsommer** lockt die Stadt mit vielen Veranstaltungen – von der Nacht der Museen bis hin zum Marathon und zum Radrennen. Im **Dezember** schließlich ziehen die berühmten Münsteraner Weihnachtsmärkte die Besucher an. Dann kann es aber in der Stadt sehr voll werden. Eine rechtzeitige Reservierung in Hotels und Restaurants ist daher empfehlenswert.

*Münster schmückt sich in den Farben des Stadtwappens: Gold, Rot und Silber*

| Durchschnitt | Wetter in Münster | | | | | | | | | | | |
|---|---|---|---|---|---|---|---|---|---|---|---|---|
| Maximale Temperatur | 6° | 8° | 11° | 15° | 20° | 23° | 25° | 24° | 20° | 15° | 9° | 8° |
| Minimale Temperatur | 0° | 1° | 2° | 4° | 8° | 12° | 14° | 13° | 10° | 7° | 2° | 3° |
| Regentage | 20 | 15 | 17 | 13 | 13 | 14 | 14 | 15 | 14 | 15 | 14 | 19 |
| | Jan | Febr | März | Apr | Mai | Juni | Juli | Aug | Sept | Okt | Nov | Dez |

# ANHANG

001ms Abb.: cg

# Register

*Nur wenige Meter von der Altstadt entfernt liegt der Aasee 35 mit Gelegenheit zum Wassersport und Sonnenbaden*

083ms Abb.: cg

# Liste der Karteneinträge

071ms Abb.: Vermessungs- und Katasteramt Stadt Münster



Hier nicht aufgeführte Nummern liegen außerhalb der abgebildeten Karten. Ihre Lage kann aber wie die von allen Ortsmarken im Buch mithilfe der Web-App angezeigt werden (s. S. 143).

Das ist
noch nicht alles!
Mehr Reise Know-How gibt es hier:
www.reise-know-how.de

## Impressum

Christopher Görlich

**CityTrip Münster**

© Reise Know-How Verlag
Peter Rump GmbH
**6., neu bearbeitete und aktualisierte Auflage 2024**



ISBN 978-3-8317-3904-2

Printed in Germany

**Druck und Bindung:**
mediaprint solutions GmbH, Paderborn

**Herausgeber:** Klaus Werner
**Layout:** amundo media GmbH (Umschlag, Inhalt), Peter Rump (Umschlag)
**Lektorat:** amundo media GmbH
**Karten:** Ingenieurbüro K. Wendler, amundo media GmbH
**Anzeigenvertrieb:** KV Kommunalverlag GmbH & Co. KG, Alte Landstraße 23, 85521 Ottobrunn, Tel. 089 928096-0, info@kommunal-verlag.de
**Kontakt:** Reise Know-How Verlag Peter Rump GmbH, Osnabrücker Str. 79, 33649 Bielefeld, Deutschland, Tel. +49-521-946490, info@reise-know-how.de

Alle Angaben in diesem Buch sind gewissenhaft geprüft. Preise, Öffnungszeiten usw. können sich jedoch schnell ändern. Für eventuelle Fehler übernehmen Verlag wie Autor keine Haftung.

---

**Bildnachweis**

Umschlagvorderseite: © Sina Ettmer, stock.adobe.com | Umschlagrückseite: ©pixs:sell, stock.adobe.com | Umschlagklappe rechts: ©Bernhard Fischer, Presseamt Münster
Soweit ihre Namen nicht vollständig am Bild vermerkt sind, stehen die Kürzel an den Abbildungen für die folgenden Fotografen, Firmen und Einrichtungen. Christopher Görlich: cg.
Wir danken dem Presseamt der Stadt Münster (Fotos) für die freundliche Abdruckgenehmigung.

# Münster mit PC, Smartphone & Co.

QR-Code auf dem Umschlag scannen oder **www.reise-know-how.de/citytrip/muenster24** eingeben und die **kostenlose Web-App** aufrufen (Internetverbindung zur Nutzung nötig)!

★**Anzeige der Lage und Satellitenansicht aller** beschriebenen Sehenswürdigkeiten und touristisch wichtigen Orte
★**Routenführung** vom aktuellen Standort zum gewünschten Ziel
★**Exakter Verlauf** des empfohlenen Stadtspaziergangs
★**Updates** nach Redaktionsschluss

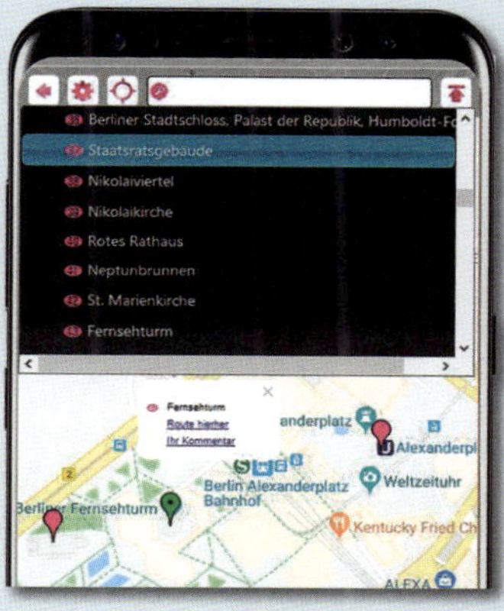


### GPS-Daten zum Download

Die GPS-Daten aller Ortsmarken und des Spaziergangs stehen auf der Produktseite des Titels auf www.reise-know-how.de zum Download zur Verfügung.

### Stadtplan für mobile Geräte

Um den Stadtplan auf Smartphones und Tablets nutzen zu können, empfehlen wir die App „Avenza Maps“ der Firma Avenza™. Über die Funktion „Store“ kann die „Citymap Muenster 2024“ kostenlos geladen werden.

## Unsere App-Empfehlungen zu Münster

- Überaus praktisch ist die **münster:app** für Android und iOS. Sie kann zum Ticketkauf verwendet werden, zeigt u. a. die Fahrpläne der Busse und Störungen in Echtzeit sowie freie Parkplätze in den Parkhäusern an. Wichtige Service- und Notfallnummern werden ebenfalls angegeben.
- **Explore Münster:** Die App bietet virtuelle Rundgänge durch die Stadt – teilweise mithilfe von Augmented Reality, die Einblicke in frühere Zeiten ermöglicht (kostenlos für Android und iOS).

---

Die Information über und die Bereitstellung von digitalen Zusatzinhalten (z. B. Web-App, Links, GPS-Tracks o. Ä.) ist eine freiwillige Zusatzleistung des Verlages, auf die kein Anspruch besteht und für deren Richtigkeit aufgrund der Veränderlichkeit solcher Informationen auch nicht gehaftet werden kann. Insbesondere behält sich der Verlag deshalb vor, die Bereitstellung und die Zugriffsmöglichkeit zeitlich zu befristen und den Zugriff hierauf auch vorfristig abzuschalten.

# Münster, Stadtgebiet